T0266890

El arte de

HACER CRECER

tu

DINERO

La guía definitiva para conseguir la

LIBERTAD FINANCIERA

El arte de

HACER CRECER

tu

DINERO

La guía definitiva para conseguir la

LIBERTAD FINANCIERA

BAIJAVIER

montena

Papel certificado por el Forest Stewardship Council®

MIXTO
Papel | Apoyando la
silvicultura responsable
FSC® C117695

Penguin
Random House
Grupo Editorial

Primera edición: enero de 2024

Printed in Spain – Impreso en España

ISBN: 978-84-18798-60-3
Depósito legal: B-19.364-2023

Compuesto en Comptex & Ass., S. L.
Impreso en Liberdúplex
Sant Llorenç d'Hortons (Barcelona)

GT 9 8 6 0 3

Quiero agradecer en especial a mi hermana Berenice.

Su dedicación y compromiso han sido fundamentales

para hacer este proyecto realidad.

Tu amor y esfuerzo están grabados en cada página.

INTRODUCCIÓN

Si a mi yo adolescente le hubieran preguntado dónde se vería en seis o siete años, definitivamente no habría ni siquiera imaginado que estaría viviendo en Andorra, trabajando desde casa, con un horario propio y disfrutando de lo que hace.

Desde los polvorientos andamios de la construcción, donde mi herramienta de trabajo más preciada era una paleta de albañil, hasta el brillante foco del mundo digital, en el que hoy lidero conversaciones sobre inversiones, mi trayectoria es una viva muestra de que el aprendizaje y la reinvención son procesos continuos. Sí, fui albañil antes de convertirme en el joven emprendedor que soy ahora, especializado en la diversidad de las inversiones, desde el mercado bursátil y las criptomonedas hasta la propiedad inmobiliaria. Esa experiencia en la construcción me enseñó el valor del esfuerzo y la importancia de construir algo desde cero, lecciones que aplico cada día en el mundo financiero.

Mi pasión por las finanzas no es una herencia familiar ni una vocación de infancia; más bien, es una llama que se encendió en un momento crucial de mi vida, ofreciéndome un nuevo horizonte lleno de oportunidades y desafíos. Con el tiempo, esa llama se convirtió en un fuego ardiente, forjado por errores y triunfos, en un proceso de aprendizaje que sigue en marcha.

A través de este libro, quiero compartir todo lo que me hubiera gustado saber cuando empecé, con el objetivo de acelerar tu formación y allanar tu camino hacia la libertad financiera. Es mi misión motivarte para que tomes las riendas de tu vida financiera, utilizando las herramientas y estrategias del mundo empresarial y el sector online.

¿Estás preparado para transformar tu vida y alcanzar la libertad financiera? Si la respuesta es afirmativa, no perdamos más tiempo; el viaje empieza ahora.

En este libro comenzamos explorando mis primeras incursiones en el mundo de las finanzas y la inversión, incluyendo los errores que espero que tú te puedas ahorrar. Luego, abordamos la importancia de tener la mentalidad adecuada y los hábitos que pueden impulsarte al éxito. En la sección que trata de la economía personal te ofreceré estrategias concretas sobre cómo manejar el dinero, desde elegir entre tarjeta de débito o de crédito hasta establecer un fondo de emergencia y crear un presupuesto mensual. Pero el libro no se detiene ahí: también exploramos el camino hacia la libertad financiera, los fundamentos de la inversión y las distintas opciones de inversión que existen. Al final, te daré consejos sobre cómo diversificar tus inversiones para minimizar riesgos y maximizar ganancias, los errores comunes que debes evitar, y cómo planificar una jubilación segura y confortable.

Por supuesto, también te hablaré de cómo me formé, qué libros leí y algunas de las inversiones que hice, y compartiré experiencias (algunas buenas y otras no tan buenas) y consejos para que puedas mejorar tu economía personal y comiences a invertir.

Así que, sin más preámbulos, empecemos.

CAPÍTULO 1

MIS INICIOS
EN LAS FINANZAS

Pocos conocen las piedras rai, en la isla de Yap, en Micronesia. Son discos de piedra caliza con un orificio en el centro. El tamaño de estos discos es increíblemente variable. Los más grandes superan los tres metros de diámetro y tienen medio metro de grosor, alcanzando un peso impresionante de cuatro toneladas. Estas piedras se utilizaban como una forma de moneda. Debido a su tamaño y peso, rara vez se movían. En cambio, la propiedad de las piedras se transmitía verbalmente, y todos en la isla sabían quién era el propietario de cada piedra. Este sistema ejemplifica la confianza, que es fundamental en todas las transacciones financieras.

La historia del dinero es tan antigua como la civilización misma. Empezó con el trueque, el sistema de intercambio que nuestros antepasados utilizaron para comerciar con bienes y servicios. Pero este sistema presentaba problemas, sobre todo cuando se trataba de determinar el valor relativo de los artículos intercambiados. Así surgió la necesidad de una unidad de cuenta, que desembocó en la invención de las primeras formas de dinero: conchas de mar, semillas, sal y piedras preciosas.

Si nos transportamos al presente, encontramos que el dinero ha evolucionado a una forma casi completamente digital. Las transacciones se realizan en cuestión de segundos, y el dinero cambia de manos sin que se vea, se toque o se sienta. Pero, al igual que en la isla de Yap, la confianza continúa siendo un componente vital.

DEFINICIÓN

Una **unidad de cuenta** es una medida estandarizada para el valor de bienes y servicios en una economía o mercado. Es esencialmente una escala de medida que se utiliza para comparar la valía relativa de diferentes bienes o servicios. Proporciona un medio uniforme y consistente para cuantificar y expresar el valor económico, facilitando el comercio y la economía de mercado. La unidad de cuenta es el concepto abstracto del dinero posiblemente percibido en primer lugar para facilitar el trueque.

En mi niñez, el concepto de dinero era simple: era lo que necesitaba para comprar golosinas en la tienda de la esquina. Pero, a medida que crecía, me di cuenta de que el dinero es mucho más que eso. Es una entidad omnipresente, una clave que abre puertas y construye puentes hacia nuevos horizontes. Mi interés en las finanzas nació de esta comprensión temprana y me impulsó a explorar un universo fascinante y complejo.

«Estamos rodeados de dinero. El dinero forma parte de todas o casi todas las interacciones entre personas a lo largo de la historia de la humanidad».

Estamos rodeados de dinero. El dinero forma parte de todas o casi todas las interacciones entre personas a lo largo de la historia de la humanidad, aunque, en el pasado, ese dinero no tuviera el aspecto de una moneda. Así que aprender a usar el dinero, a administrarlo, a invertirlo y a gastarlo es probablemente una de las enseñanzas fundamentales para cualquier persona.

1.1. ¿Cómo descubrí mi pasión por las finanzas y las inversiones?

Mi pasión por las finanzas y las inversiones llegó cuando conocí el *trading*. A partir de ahí, ese entusiasmo solo fue en aumento, y mis conocimientos sobre finanzas crecieron exponencialmente. Este inicio se dio después de haber acumulado un gran cansancio físico y mental, pues durante mis estudios de Bachillerato, que es cuando todo el mundo comienza a preguntarte qué es lo que quieres hacer con tu vida (seguir estudiando o si prefieres buscar un trabajo), no tenía ni idea de lo que me apetecía hacer, qué estudiar, o a dónde quería llegar. No veía mi futuro nada claro, como muchos adolescentes de dieciséis o diecisiete años.

Finalmente, tras darle muchas vueltas, decidí seguir estudiando para convertirme en policía. Así que, al terminar los estudios de Bachillerato, me apunté a una academia para opositar y convertirme en policía.

Sin embargo, durante mis últimos años en el instituto, cuando aún vivía con mi familia en Igualada, provincia de Barcelona, tuve un trabajo en una fábrica textil, sacando piezas defectuosas de las máquinas y quitando hilos que sobraban de las prendas de ropa. Fue mi primer trabajo de verdad, con contrato y sueldo. Estuve trabajando tres o cuatro años, desde junio hasta finales de agosto, durante el periodo de vacaciones de verano.

Así que, a diferencia de mis amigos, que se pegaban la gran vida y salían de fiesta cada fin de semana, yo aprovechaba esas vacaciones para ganar algo de dinero. De esa manera, si tenía interés en comprarme algo o hacer una actividad en concreto, podía permitírmelo con mi propio sueldo sin necesidad de recurrir a amigos o familiares.

> **«No ahorres lo que queda después de gastar, sino gasta lo que queda después de ahorrar».**
>
> **Warren Buffett,**
> **uno de los inversores más exitosos del mundo**

Por aquel entonces, apenas ganaba unos mil euros al mes, pero mi mentalidad era muy distinta a la que tengo ahora, y me fundía los ingresos en nada. Tal y como entraban en mi cuenta bancaria, salían. Incluso, tenía una lista de productos en Amazon y, con lo que cobraba cada mes, iba acortándola progresivamente, comprándome todo lo que se me encaprichaba.

Durante los fines de semana y durante mi tiempo libre, pasaba las horas entretenido con videojuegos, sobre todo con el que estaba de moda en aquellos años, *Fortnite*.

Sin embargo, fue gracias a mi afición por los videojuegos que acabé descubriendo el mundo de las finanzas, como contaré con más detalle más adelante.

Cuando dejé el trabajo en la fábrica textil, empecé a trabajar en el sector de la construcción como peón de albañilería, con un contrato indefinido y horario a tiempo completo.

Después de meses trabajando en obras e ir acumulando cansancio tanto físico como mental, empecé a cuestionarme el sistema al que todos estamos sometidos y la rutina capitalista que nos consume día sí y día también. Me formulé una pregunta muy importante que me permitiría cambiar mi perspectiva sobre mi vida y mi futuro: «¿De verdad esto es lo que me espera hasta que pueda jubilarme? Si es así, vaya mierda de vida; estar trabajando todos los días ocho horas para luego tener dos, tres horas libres al final de la jornada, echarme en el sofá a ver una película, irme a dormir, y vuelta a empezar. Esto no me gusta. No quiero que mis días sean siempre así, de aquí hasta que me jubile».

Fue entonces cuando, un día cualquiera, durante una de esas pocas horas que tenía libres, me puse a ver un vídeo en YouTube en el que un youtuber, que se dedicaba a subir vídeos a la red social en los que mostraba sus partidas en videojuegos como *Fortnite*, aparecía junto a un individuo supuestamente millonario. Ambos habían hecho un trato. El trato consistía en que, por cada jugador que el youtuber eliminara en el juego, el millonario le pagaría 500 euros.

Mi primera impresión fue de absoluta sorpresa. No podía creer que una persona tuviera tal poder adquisitivo que fuera capaz de permitirse pagar a otra persona 500 euros por eliminar a alguien en un videojuego, algo tan sencillo que cualquier niño con experiencia jugando con la PlayStation o a videojuegos online podría hacer sin despeinarse. Obviamente, el youtuber eliminó a un montón de jugadores y, de acuerdo con el trato, ganó una cantidad demencial de dinero. Además, el millonario le entregó el dinero en efectivo. Mientras veía el vídeo, no dejaba de alucinar.

C U R I O S I D A D

Fortnite es uno de los videojuegos más populares y exitosos de la historia, y en su corta existencia ha acumulado una serie de logros y récords notables. Por ejemplo, el famoso *streamer* de Twitch, Tyler «Ninja» Blevins, estableció un récord en marzo de 2018 cuando reunió a más de 600.000 espectadores concurrentes durante una transmisión en la que jugaba *Fortnite* con celebridades como el rapero Drake, el jugador de la NFL JuJu Smith-Schuster y el músico Travis Scott.

Al terminar el vídeo, corrí a visitar el perfil del supuesto millonario para averiguar a qué se dedicaba y, sobre todo, cómo había logrado tener tanto dinero como para malgastarlo de aquella forma. Resultó que este hombre, el supuesto millonario, se dedicaba al *trading* en Forex. Forex es el mercado de compraventa de divisas. Gracias al *trading*, este hombre vivía rodeado de grandes lujos: conducía deportivos, viajaba por todo el mundo... ¡Eso es lo que yo quería! Sé que suena muy ambicioso, así que debo decir que, después de un tiempo, mi perspectiva de vida volvió a cambiar y puse los pies sobre el suelo. Sin embargo, viendo desde mi punto de vista la vida que llevaba aquel hombre, no podía evitar desear que aquella fuera mi vida, que yo pudiera tener los coches que conducía, los lujos de los que disfrutaba.

Gracias al *trading*, aquel hombre vivía rodeado de grandes lujos: conducía deportivos de alta gama, vestía de marca, tenía relojes caros y viajaba por todo el mundo sin escatimar en gastos. ¡Aquello era exactamente lo que ansiaba! Sé que mi aspiración puede sonar excesivamente ambiciosa, por lo que debo añadir que, tras cierto periodo de tiempo, mi perspectiva sobre aquel deseo cambió nuevamente, y mis pies volvieron a tocar tierra. Sin embargo, si él lo había logrado, ¿por qué yo no podía? Tal vez no era tan difícil. Quizá, en gran parte, todo dependía de intentarlo y echarle ganas. No podía sacarme de la cabeza la idea de verme disfrutando de aquella vida idílica.

Fue entonces cuando decidí informarme sobre qué era el *trading*. Vi que este hombre tenía un curso sobre el tema y decidí apuntarme, porque pensé que no podía haber nada mejor que aprender de alguien que era el claro ejemplo de que se puede vivir como un rey gracias al *trading*. Sin embargo, tras pagar 250 euros por aquel curso, enseguida me di cuenta de que era una especie de estafa, porque, supuestamente, cada semana te enviaban nueva información y actualizaciones sobre el mercado, aunque yo no recibí más que el contenido que entregaban la primera vez, cuando comprabas el curso.

Pero no me rendí. Al contrario. Puedo decir que esa estafa fue el desencadenante para que yo mismo empezara a abrirme paso en el sector de las inversiones y finanzas y a aprender e instruirme por mi cuenta. Aquel curso fue como un dulce que le das a un niño: una vez que lo pruebas, quieres más, y yo quería saber más sobre aquel mundo.

¿Qué hace la gente cuando quiere formarse? Estudiar. ¿Y cuál es la forma clásica de estudiar? Leer. Así que empecé a leer una gran cantidad de libros. Compré los mejores libros para aprender *trading* en general y poder aplicarlo en todos los mercados. Dos libros muy técnicos que, en particular, me enseñaron muchísimo fueron *El nuevo vivir del trading*, de Alexander Elder, y *Análisis técnico de los mercados financieros*, de John J. Murphy. Dos tochos de unas quinientas páginas cada uno. Cuando los tuve en mis manos, pensé: «Lo que me espera», pero hice un esfuerzo y me los leí página por página hasta llegar al final.

Poco a poco, fui empezando a entender qué era el *trading*, cómo funcionaba y las diversas modalidades. Básicamente, todo se basaba en la compra y venta de activos financieros con el objetivo de obtener un beneficio.

«Básicamente, todo se basaba en la compra y venta de activos financieros con el objetivo de obtener un beneficio».

Estos activos pueden ser acciones, bonos, divisas (Forex), materias primas, criptomonedas, derivados y otros instrumentos financieros. Y también me di cuenta de que no era nada fácil. El *trading* requiere un sólido conocimiento de los mercados financieros, un entendimiento de los procedimientos de análisis técnico o fundamental, y una buena gestión de riesgos. Aunque puede ser lucrativo, el *trading* también conlleva un alto nivel de riesgo y no es adecuado para todos.

EL CONOCIMIENTO ES PODER

Existen diferentes estilos de *trading*, dependiendo del marco de tiempo en el que los *traders* (comerciantes) operan:

- *Day Trading*: compra y venta de activos en un solo día de *trading*. Los *day traders* cierran sus posiciones al final del día de *trading* para evitar el riesgo de los movimientos de precios imprevistos de un día para otro.
- *Swing Trading*: esta estrategia implica mantener las posiciones durante varios días o incluso semanas. Los *swing traders* buscan capturar los movimientos de precios a medio plazo.
- *Scalping*: es un estilo de *trading* de alta frecuencia en el que los *traders* intentan obtener beneficios de las pequeñas fluctuaciones de precios durante el día de *trading*.
- *Trading posicional*: Este estilo de *trading* implica mantener las posiciones durante meses o incluso años. Los *traders* posicionales buscan capturar los movimientos de precios a largo plazo.

1.2. Mis primeras inversiones y mis primeros errores

Podría decir que al empezar con mis primeras operaciones de *trading* todo fue mal. La típica historia de un novato que empieza con mucha ilusión y con cero experiencia. Pero no fue así. Quizá fue una mezcla de azar y astucia, no lo sé. La cuestión es que, nada más empezar, ya tuve beneficios.

Así, mi primera incursión en el mundo del *trading* se tradujo en ganancias de entre 200 y 300 euros. En aquel momento, me encontraba en las primeras etapas de mi aventura con el *trading*, con tan solo un par de semanas de experiencia en mi haber. Para mí, aquello fue algo extraordinario, casi surrealista. Esa cantidad de dinero equivalía prácticamente a lo que solía ganar durante una semana entera de duro trabajo físico, derribando muros y colocando ladrillos. Y lo más impresionante fue que logré generar esa cantidad desde la comodidad de mi hogar, en un lapso de apenas diez minutos.

Estas primeras experiencias alimentaron mis pensamientos y aspiraciones. Me di cuenta de que, si dedicaba suficiente tiempo y esfuerzo, podría más pronto que tarde abandonar mi empleo como albañil para dedicarme por completo al *trading*. Visualicé un futuro en el que no tendría que someter mi cuerpo a una labor físicamente agotadora, sino que, en lugar de eso, podría usar mi mente y estrategias para generar ingresos. Así fue como decidí apostar por el *trading* y comenzar a aprender y profundizar aún más en este fascinante mundo de las inversiones financieras. Pero todo lo que sube baja y, cuanto más ganas, más quieres. Así que, con cada ganancia que tenía, a la siguiente le metía más lotaje.

DEFINICIÓN

El **lotaje** en el *trading* es un término que se utiliza para definir el tamaño de una operación o transacción. Cada «lote» representa una cantidad fija de la unidad de un activo financiero, ya sean acciones, divisas, materias primas, etc.

Por ejemplo, en el mercado de divisas (Forex), un lote estándar equivale a 100.000 unidades de la divisa base del par de divisas que se está operando. Entonces, si estás operando con el par EUR/USD, un lote equivale a 100.000 euros.

El tamaño del lote tiene un impacto directo en el riesgo y la recompensa de una operación. Si usas un lote más grande, estarás operando con más unidades del activo, lo que puede aumentar tanto tus ganancias potenciales como tus posibles pérdidas.

El *trading* es como jugar con un arma de doble filo. Si la operación va en contra de tu posición, estás jodido. Multiplicas exponencialmente tanto las ganancias como las pérdidas.

Al día siguiente, tras tener esa ganancia de 200-300 euros, me dije: «Voy a doblar el lotaje. De esa manera puedo ganar el doble». ¿Qué pasó? Perdí lo que había ganado el día anterior e incluso un poco más. «Vale, vamos a tomárnoslo con más calma y con más cabeza», me dije. Continué invirtiendo. A partir de ese momento, empecé a perder más y más dinero hasta que, finalmente, tras unas semanas de mala *operativa*, quemé la cuenta. Con «quemar la cuenta» quiero decir que perdí todo el dinero que había invertido, que fue una cantidad de entre 500 euros y 1.000 euros.

Hubo un día en particular en que no sé dónde tenía la cabeza y cometí uno de mis mayores errores. Hice una buena operación con XAUUSD, oro contra dólar.

Fue la operación más grande que tuve abierta y que me dio ganancias. En un par de horas tras abrir la operación, tenía ganancias de más de 1.000 euros. El problema cuando ves tanto dinero en la pantalla y eres un novato en el *trading* es que te controla la avaricia, y yo decidí que no cerraría la operación hasta que las ganancias subieran a 2.000 euros. Había perdido tanto dinero en las operaciones anteriores que pensé en recuperarlo lo más rápidamente posible. Si cerraba la operación en 2.000 euros, recuperaría el dinero perdido y, a la vez, habría ganado más de lo invertido.

DEFINICIÓN

XAUUSD es un símbolo que se usa en *trading* para representar la relación de precios entre el oro (XAU) y el dólar estadounidense (USD). En otras palabras, muestra cuántos dólares estadounidenses se necesitan para comprar una onza de oro.

Sin embargo, no logré cerrar nunca la operación. La cifra en la pantalla no llegó a los 2.000. Al contrario: empezó a caer hasta que entró en negativo. Yo seguí aguantando, porque en esos momentos tu cabeza te dice que, como todo sube y baja constantemente, tenía que volver a subir. Pero eso no ocurrió. De modo que, cuando las ganancias solo eran de 100 euros, me dije que, si no cerraba la operación, perdería mucho dinero. Así lo hice. Al final solo tuve una ganancia de 100 euros cuando podrían haber sido 1.000 euros. Consecuencias de la avaricia y del poco control que tenemos sobre nuestra mente.

Lo volví a intentar. ¡Venga! La operación volvió a colocarse en 1.000 euros de ganancias. Y ahora pensarás que esta vez sí que cerré la operación y me puse a tirar cohetes. ¡Pues no! Volvió a pasar lo mismo y tuve que cerrarla con tan solo 50 euros de beneficio.

Conclusión: la avaricia rompe el saco.

TIP

El análisis previo en el *trading*

Te recomiendo que, si haces *trading* o estás empezando, realices un análisis previo. Esto es crucial debido a la naturaleza volátil de los mercados financieros, donde los precios pueden subir y bajar rápidamente. Hay dos tipos principales de análisis que los *traders* suelen realizar: análisis técnico y análisis fundamental.

El análisis técnico se basa en la idea de que los patrones de precios históricos pueden predecir el comportamiento futuro de los precios. Los analistas técnicos utilizan una variedad de gráficos y herramientas estadísticas para identificar tendencias y patrones en los movimientos de precios.

Por otro lado, el análisis fundamental implica el estudio de los factores económicos y financieros que pueden influir en los precios de los activos. Esto puede incluir todo, desde las tasas de interés y el crecimiento económico hasta las ganancias corporativas y las condiciones políticas.

Por ejemplo, supongamos que estás interesado en el *trading* del par de divisas EUR/USD. Antes de abrir cualquier operación, podrías realizar un análisis técnico para identificar las tendencias actuales del mercado. Esto implicaría el uso de herramientas como las medias móviles para determinar si el par está en una tendencia alcista o bajista. Además, también sería posible realizar un análisis fundamental para entender mejor los factores macroeconómicos que pueden influir en el par EUR/USD. Esto implicaría la revisión de las últimas noticias sobre las políticas monetarias del Banco Central Europeo y la Reserva Federal de los Estados Unidos, así como los datos económicos recientes de la zona euro y los Estados Unidos.

Tras esta espiral de pérdidas y, a pesar del desasosiego y ansiedad que cargaba a mis espaldas, estaba seguro de que podía hacer que funcionase, pues lo tenía comprobado y lo había visto con mis propios ojos. Las pequeñas ganancias que había tenido las saqué de la cuenta de *trading* y fueron transferidas a mi cuenta bancaria, así que tenía la confirmación de que este mundo no se trataba de una estafa. Con el *trading* se puede ganar dinero, pero tienes que saber dónde te estás metiendo y cómo manejarlo. Lo que tenía que hacer era formarme en la materia, por lo que decidí tomármelo más en serio y comencé a leer libros. Muchos más libros. Me dije que hasta que no acabase de leer los libros que había comprado sobre el mundo del *trading* e inversiones no invertiría más dinero, dado que lo que había perdido había sido el poco dinero que tuve en mis manos. Ahora las tenía vacías.

Tras leer los libros, empecé a hacer las cosas con cabeza. Me sentía capaz de entender muchos más detalles y había conectado algunos en mi cabeza. Hasta el punto de que ya dejé de perder dinero. Ganaba poco, sí, pero al menos ya no tenía pérdidas. En los libros que leí se indicaba que tenías que utilizar lotajes en proporción al dinero del que dispones, y yo no tenía mucho, por lo que mis lotajes debían ser bajos. Con esos ganaba unos 10-20 euros por operación. Ojalá fuera más, pensaba, pero tenía que ser más conservador con las operaciones y no volverme loco como antes.

Poco a poco empecé a atesorar mis ganancias de verdad. Cada día un poquito más, a paso lento pero seguro. En un par de semanas pude llegar a ganar unos 200 euros. Es decir, unos 400 euros al mes.

No obstante, el *trading* no se trata solo de ganar o perder dinero, sino que conlleva otros aspectos que en un principio no se tienen en cuenta. Estoy hablando del estrés que te causa lidiar con tanta incertidumbre. Un estrés que, en mi opinión, no es ni medio normal. Creo que

انسان

este tipo de trabajo debe de ser uno de los más estresantes del mundo, porque puedes perder mucho dinero si cometes una serie encadenada de errores.

El estrés y la presión en el *trading* son normales, porque son respuestas fisiológicas y psicológicas a la incertidumbre y el riesgo en los mercados financieros. El problema es que ambos pueden afectar adversamente la toma de decisiones y la gestión de riesgos, llevando a los *traders* a realizar acciones irracionales o apresuradas, y potencialmente generando pérdidas significativas. Aunque se suele repetir que lo más importante es la salud, el dinero y el amor, la salud es lo que solemos descuidar más. Es importante mantenerse saludable para poder operar racionalmente en el *trading*. Así que, si se nota que uno está sucumbiendo a la ansiedad, se deben tomar medidas antes de que sea demasiado tarde.

TIP

Cómo controlar la ansiedad en el *trading*

Es fundamental para los *traders* establecer metas alcanzables y gestionar sus expectativas, siguiendo un plan de *trading* riguroso y evitando decisiones emocionales. Asimismo, es esencial definir límites y tomarse descansos para recuperar la energía.

Aquí se describen brevemente algunas estrategias para manejar el estrés y la presión en el *trading*:

- **Meditación:** técnica que mejora la concentración, la toma de decisiones y el bienestar emocional, logrando un estado de conciencia relajado mediante el enfoque en un objeto, pensamiento o actividad.
- **Ejercicio:** actividad regular para liberar tensiones, mejorar la salud física y mental, la toma de decisiones, la calidad del sueño y reducir la ansiedad.
- **Respiración:** técnicas de respiración profunda, como la respiración abdominal, disminuyen el estrés, la ansiedad, la frecuencia cardiaca y la tensión muscular.
- **Metas realistas:** definición de metas a corto y largo plazo que sean realistas y acordes con un plan de *trading* bien estructurado.
- **Límites:** establecimiento de restricciones en el tiempo dedicado al *trading* y en el riesgo financiero asumido en cada operación.
- **Aceptar la incertidumbre:** admitir la inherente incertidumbre del *trading*, evitando que las emociones negativas impacten las decisiones, y centrarse en lo controlable, como el plan de *trading* y la gestión del riesgo.

Por aquel entonces, el horario que tenía para hacer *trading* era de tarde/noche, desde las ocho hasta las once, más o menos. Cuando abría las operaciones, eran operaciones de *day trading,* lo que significa que las operaciones solían estar abiertas un día. Yo ponía mi *stop loss* y mi *take profit,* que son los límites de pérdida y ganancia para que la operación se cierre automáticamente en caso de no poder estar pendiente del ordenador o del móvil durante el día. No quería levantarme y llevarme un susto al día siguiente. Pero, inevitablemente, cuando me iba a dormir, me metía en la cama con tal incertidumbre que, aunque tuviera puestos los límites de pérdida y ganancia, temía que al día siguiente lo hubiera perdido todo. Por consiguiente, no dormía bien ni descansaba. Estaba constantemente nervioso, me carcomía la preocupación. Y los días en los que me despertaba y veía que había perdido dinero durante la noche eran horribles, pues ya hacían que empezara mal la jornada, con el ánimo por los suelos y la sensación de que iba a arruinarme en cualquier momento.

A pesar de todo, continuaba siendo ambicioso, así que, cuando ya llevaba un tiempo, me empecé a interesar por el sector de las criptomonedas. Tras informarme sobre el tema, me abrí una cuenta en un *exchange,* que es el nombre que tienen las plataformas de criptomonedas, donde puedes comprar y vender.

DEFINICIÓN

En el contexto de las criptomonedas, un *exchange* es una plataforma digital en la que los usuarios pueden comprar, vender o intercambiar criptomonedas por otras criptomonedas o por monedas fiduciarias tradicionales, como el dólar estadounidense o el euro.

Los *exchanges* de criptomonedas funcionan de manera similar a las bolsas de valores, donde los compradores y vendedores pueden negociar en función del precio de mercado actual de la criptomoneda. Algunos *exchanges* también ofrecen servicios adicionales, como carteras digitales para almacenar criptomonedas, o bien dan la opción de comprar y vender derivados de criptomonedas.

Algunos ejemplos populares de *exchanges* de criptomonedas incluyen Coinbase, Binance y Kraken. Es importante investigar y elegir un *exchange* confiable, ya que las medidas de seguridad y las regulaciones varían entre las diferentes plataformas.

Compré bitcoin, que por aquel entonces (principios del 2018) tenía un valor de unos 7.000-10.000 euros, aproximadamente, y lo vendí cuando llegó a los 12.000 euros porque en realidad no disponía de conocimiento alguno sobre las criptomonedas y tampoco sabía qué predicciones tenían de cara al futuro. Lo único de lo que estaba enterado era que las criptomonedas estaban de moda y que todo el que podía las compraba. Yo invertí unos 1.000 euros en bitcoin y, cuando decidí vender lo que tenía, obtuve unos 1.700 euros.

Ese mismo año, bitcoin llegó a los 20.000 euros. Si hubiese estado al corriente y me hubiera informado lo suficiente acerca de lo que estaba invirtiendo, me habría mantenido firme y hubiera ganado bastante más.

EL CONOCIMIENTO ES PODER

Bitcoin, la primera criptomoneda del mundo, fue creada en 2008 por una persona o grupo de personas desconocido que utilizó el seudónimo de Satoshi Nakamoto. La identidad real de Satoshi Nakamoto sigue siendo un misterio.

El 31 de octubre de 2008, Nakamoto publicó el *Libro blanco de bitcoin* en una lista de correo de criptografía. Este documento describía un sistema de pago digital basado en una tecnología llamada *blockchain*, que no requería la intervención de un tercero o una entidad central, como un banco, para verificar las transacciones.

La primera transacción conocida en la que se utilizó bitcoin como medio de pago en la «vida real» fue la compra de dos pizzas por parte de un programador llamado Laszlo Hanyecz.

El 22 de mayo de 2010, Hanyecz publicó en el foro de BitcoinTalk que estaba dispuesto a pagar 10.000 bitcoins al que le entregara dos pizzas de Papa John's. En aquel momento, el valor de esos 10.000 bitcoins era aproximadamente de 41 dólares. Un usuario del foro aceptó el trato y pidió las pizzas para Hanyecz, quien a cambio le transfirió los 10.000 bitcoins.

Hoy en día, ese evento se celebra anualmente en la comunidad de criptomonedas como el «Bitcoin Pizza Day». Al precio actual de bitcoin, esas pizzas serían una de las comidas más caras de la historia.

Tras la subida de bitcoin, llegó el tan conocido ciclo bajista, una época en la que todo baja y que en el sector de las criptomonedas suele durar unos dos años. Es una corrección saludable para que, cuando vuelvan a subir, lo hagan con más fuerza, porque nada sube de forma indefinida. Durante todo ese tiempo estuve formándome en el sector.

Mientras hacía *trading*, compaginaba este «trabajo» con la academia de policía. Cada vez me gustaba más ganar dinero con el *trading*, así que la idea de convertirme algún día en policía iba perdiendo peso. Como era de esperar, llegó un punto en el que dejó de interesarme por completo lo que estaba estudiando en la academia, pero como lo tenía todo pagado me obligué a hacer el esfuerzo y acabar los estudios. La decisión sobre qué haría después ya llegaría.

El caso es que, cuando terminé los estudios, seguí trabajando como albañil y haciendo *trading* durante mis horas libres. El nivel de cansancio tanto físico como emocional que acumulaba, debido al desgaste y a la ansiedad producida por las operaciones, hacía que no lograse enfocarme ni en el trabajo ni en la vida en general. Necesitaba mi tiempo y sabía que tenía que hacer algo que me hiciera sentirme cómodo, algo que no afectara ni a mi cuerpo ni a mi mente. Me gustaba la adrenalina, ¿a quién no? Pero la forma en que estaba manejando mi vida no era con el estilo más adecuado y mucho menos el más saludable.

En el 2020 monté también una academia online gratuita en el mismo sector para todo aquel que estuviera interesado en aprender un poco sobre ese mundo, pues me pareció una buena idea divulgar mis conocimientos, y era algo que me gustaba y entretenía. A través de las redes sociales y de mis cuentas, mostraba a la gente lo que había aprendido con los libros que había leído. También tenía un grupo de Telegram donde compartía noticias importantes relacionadas con el tema. La academia se llamaba Escuela Trader. Era, para mí, una forma de compartir el conocimiento que iba adquiriendo y tenerlo todo recopilado en un mismo sitio. Luego empecé a compartirlo porque me di cuenta de que, si podía ayudar a alguien, no estaba de más.

Un día, sin embargo, decidí que era suficiente. Era el momento de dejar el *trading*. Ya estaba cansado y aburrido. Tenía que pensar en otros modelos de negocio que pudiera iniciar desde casa. Fue por ese entonces cuando escuché hablar del *dropshipping*. Hacer *dropshipping* consiste en comprar o crear una tienda online desde plataformas como Shopify donde expones productos para vender (productos que normalmente se venden en Aliexpress). El proveedor se lo vende directamente al comprador. Yo solo sería un intermediario, pero, al exponer los productos por un precio más alto al que tendría en Aliexpress, obtenía algunas ganancias.

EL CONOCIMIENTO ES PODER

Hacer *dropshipping* puede ser muy lucrativo. Sin embargo, esta actividad tiene unas ventajas y desventajas que conviene conocer.

Ventajas:

1. **Bajos costos iniciales:** el *dropshipping* no requiere una gran inversión inicial, ya que los vendedores no necesitan comprar un inventario físico.

2. **Fácil de comenzar:** los vendedores pueden lanzar una tienda de *dropshipping* rápidamente con plataformas de comercio electrónico como Shopify o WooCommerce.

3. **Flexibilidad de ubicación:** dado que todo es en línea, puedes administrar tu negocio desde cualquier lugar del mundo.

4. **Amplia selección de productos:** puedes ofrecer una variedad de productos de diferentes proveedores.

Desventajas:

1. **Bajos márgenes de ganancia:** debido a la intensa competencia, los márgenes de ganancia pueden ser bajos, especialmente en sectores populares.

2. **Poco control sobre el suministro y el cumplimiento de pedidos:** puedes encontrarte con problemas de inventario, errores de envío y tiempos de entrega prolongados que están fuera de tu control.

3. **Dependencia de proveedores:** la calidad del producto y la experiencia del cliente dependen en gran medida del proveedor.

4. **Problemas de servicio al cliente:** como vendedor, tendrás que manejar cualquier problema de servicio al cliente, incluso si fuera causado por un tercero.

En resumen, el *dropshipping* puede ser una opción viable para alguien que busca iniciar un negocio en línea con poco capital. Sin embargo, es importante investigar cuidadosamente y elegir proveedores confiables para garantizar una buena experiencia al cliente.

Una vez creada la tienda online, empecé a exportar relojes de Aliexpress. Vendía relojes de temáticas infantiles para los más pequeños y relojes más lujosos para los adultos. Pero, a pesar de todo, en una semana solo logré vender un reloj.

Sin embargo, para mí esa primera venta fue la que rompió el hielo. Para conseguir la venta, lo primero que tuve que hacer fue darme a conocer a través de publicidad. En mi caso, utilicé anuncios en Facebook, con un presupuesto de 10 euros por día. Tras la primera semana y vender tan solo un reloj, acabé en tablas. Ni perdí ni gané. La plataforma Shopify ofrecía un mes gratuito, y lo que me quedó de beneficio por el reloj vendido fue lo que gasté en publicidad. El reloj valía unos 10 euros y yo lo había vendido por 57 euros. Decidí que eso no era para mí y cerré la tienda.

Después de abandonar el *trading* y darme cuenta de que el *dropshipping* tampoco era lo que buscaba, me centré en YouTube, donde me había ido bastante bien, porque anteriormente había estado subiendo vídeos jugando a *Fortnite* y había tenido cierto éxito. Tenía unos 50.000 suscriptores, que había conseguido en poco más de dos años, y pensé que, igual que había compartido mis partidas en videojuegos y a la gente les interesaban, también podía compartir información y experiencias en el mundo de las finanzas.

Al principio, como es normal, apenas tenía visitas. Quizá quince, veinte personas vieron mis vídeos, pero para mí eso ya era suficiente. Si alguien te dejaba un comentario motivador, eso era todavía mejor. Compartía vídeos de finanzas, sobre reglas para gestionar tu dinero de forma correcta, y también algunas inversiones en las que me estaba iniciando, como los fondos indexados.

DEFINICIÓN

Los **fondos indexados**, también conocidos como fondos indexados a un índice o fondos de índices, son un tipo de fondo de inversión que busca replicar el rendimiento de un índice de mercado específico. Estos fondos están diseñados para seguir de cerca el rendimiento de un índice de referencia, como el SP500, el

Dow Jones Industrial Average (DJIA) o el Nasdaq Composite, entre otros.

Estos fondos pueden ser una buena opción para inversores que buscan una estrategia de inversión diversificada y de bajo costo que proporcione rendimientos consistentes a largo plazo. Sin embargo, es importante tener en cuenta que, al igual que todas las inversiones, los fondos indexados implican cierto nivel de riesgo y es posible que no sean adecuados para todos los inversores.

Tras un tiempo, decidí compartir vídeos también en TikTok. Por aquel entonces, que eran los meses que pasamos confinados por la pandemia causada por el COVID-19, esta plataforma estaba muy de moda. Mi hermana pequeña me sugirió que, ya que estaba subiendo vídeos a YouTube, los subiera también a la red social TikTok.

Yo, sin conocimiento alguno por no haber usado nunca la *app*, creía que TikTok era una mera aplicación para compartir bailes y otros vídeos relacionados. Sin embargo, durante la pandemia, la gente empezó a subir mogollón de vídeos de otras temáticas. El primero que yo subí fue sobre cómo ser millonario con 5 euros al día, que era invirtiendo en un fondo indexado aplicando el interés compuesto.

«No busques la aguja en el pajar.
Compra el pajar».

JOHN C. BOGLE,

**el fundador de Vanguard Group
y pionero de los fondos indexados**

Ese vídeo recibió más de 50.000 visitas en menos de 24 horas. Y en nada gané casi 1.000 seguidores en esa *app*, así que me propuse subir un vídeo a TikTok cada día durante un mes. El resultado fue que, a los dos meses, tenía 100.000 seguidores.

Y ese fue el comienzo de todo lo que vino después.

CAPÍTULO 2

LA MENTALIDAD
LO ES TODO

Cuando digo que la mentalidad lo es todo, me refiero a que la mente es el factor más importante a la hora de hacer cualquier cosa. Sobre todo, si hablamos de finanzas, porque afecta a nuestras acciones tanto de forma directa como indirecta. La mentalidad que tengamos o la actitud que adoptemos cuando tratemos con el dinero jugará un papel fundamental. Nuestra mentalidad y actitud influyen en gran medida en nuestros logros y, no solo eso, también en nuestro bienestar general. La forma en que pensamos es determinante para enfrentar y superar obstáculos, adaptarnos a nuevas circunstancias y alcanzar metas.

Para mí, hay cuatro puntos a tener en consideración que son muy importantes para tener una mentalidad adecuada.

2.1. Primer punto: hábitos y rutinas

Por supuesto, una mentalidad constructiva es el punto de partida; no obstante, sin hábitos saludables y metas bien definidas, esa mentalidad corre el riesgo de perderse en el vacío. Es crucial entender que nuestras metas deben ser claras y realistas para poder trazar un camino tangible hacia el éxito. De hecho, estudios científicos han demostrado una correlación positiva entre el establecimiento de metas específicas y un mayor nivel de rendimiento.

Además, es indispensable abrazar la rutina como una aliada en nuestra búsqueda del éxito. Un comienzo de día desorganizado puede llevarnos a malgastar nuestro tiempo precioso en tareas de poca relevancia. Por lo tanto, es vital establecer una rutina que fomente la productividad. De hecho, personajes famosos como Oprah Winfrey y Barack Obama han atribuido una parte de su éxito a rutinas matutinas rigurosamente estructuradas.

«Somos lo que hacemos repetidamente.
La excelencia, entonces, no es un acto,
sino un hábito».

Will Durant,
filósofo e historiador estadounidense

Uno de los aspectos cruciales de una rutina productiva es la inclusión del ejercicio físico. A título personal, he encontrado que comenzar el día con una sesión de deporte puede tener un efecto catalizador en mi energía y facilitador del enfoque para el resto del día. Por ejemplo, Barack Obama, el 44.º presidente de Estados Unidos, también ha atribuido parte de su éxito a su rutina matutina rigurosamente estructurada en la que el ejercicio era fundamental. Durante su presidencia, se levantaba temprano para comenzar su día con ejercicio físico, alternando entre cardio y pesas, lo que no solo lo mantenía en forma, sino que también lo ayudaba a mantener una mente clara. Posteriormente, disfrutaba de un desayuno saludable con su familia antes de iniciar su apretada agenda.

Entre otros pequeños cambios también estaría llevar una alimentación saludable, porque eso afecta de forma directa a tu estilo de vida y por lo tanto a tu rutina diaria. Combinar ejercicio físico con una buena dieta te permitirá ser más productivo en tu día a día. Una dieta equilibrada, rica en nutrientes esenciales, tendrá un impacto significativo en tus niveles de energía y concentración. Consumir alimentos que son fuentes de carbohidratos complejos, proteínas magras, grasas saludables, y una variedad de vitaminas y minerales, puede ayudarte a mantener una mente ágil y un cuerpo energizado.

TIP

Mantén un estilo de vida espartano

- Planifica tus comidas con anticipación para asegurarte de que estás obteniendo una variedad de nutrientes cada día.
- Evita el consumo excesivo de azúcares y alimentos procesados, que pueden llevar a fluctuaciones en los niveles de energía y enfoque.
- Procura dormir entre siete y ocho horas cada noche para permitir una recuperación adecuada y mantenerte enfocado durante el día.
- Mantén tus espacios de vida y trabajo limpios y ordenados, lo que puede ayudar a reducir el estrés y promover una mentalidad más tranquila y productiva.
- Dedica tiempo para explorar y disfrutar de la naturaleza, esto te permitirá desconectar del estrés diario y recargarte con energía fresca y positiva.
- Haz un esfuerzo por cultivar relaciones saludables y positivas con amigos, familiares y colegas para fomentar un entorno de apoyo y bienestar.

En una sociedad donde el ritmo frenético y las múltiples responsabilidades pueden eclipsar nuestro bienestar personal, mantener el orden en la vida se erige como un pilar fundamental para garantizar la eficiencia y la paz mental. Uno de los escenarios donde este orden cobra vital importancia es en nuestro espacio de trabajo. El estado del entorno laboral puede tener una influencia directa y significativa en nuestra productividad, creatividad y enfoque. Es por ello por lo que dedicar tiempo cada semana para organizar y limpiar este espacio puede traducirse en una inversión valiosa para nuestro trabajo.

A menudo, un ambiente de trabajo caótico puede ser reflejo de una mente saturada, donde las ideas y las tareas se amontonan sin un sentido claro de dirección. Al ordenar físicamente nuestro espacio, también estamos facilitando un proceso de clarificación mental, donde podemos evaluar nuestras prioridades, descartar lo superfluo y diseñar un camino claro hacia nuestras metas. La simple acción de despejar el escritorio, organizar los documentos y limpiar el ambiente puede actuar como un catalizador que nos impulsa a ponernos manos a la obra con renovado vigor y enfoque.

Además, un entorno de trabajo ordenado puede servir como un santuario de tranquilidad y concentración. En un espacio despejado, libre de distracciones visuales y desorden, es más sencillo sumergirse en las profundidades de una tarea compleja o dejar fluir la creatividad sin obstáculos. Cada objeto tiene su lugar, cada documento su carpeta, creando una armonía visual que se traduce en una mente tranquila, lista para abordar cualquier desafío con agilidad y destreza.

DEFINICIÓN

La **procrastinación** es el acto de aplazar o posponer tareas o acciones que deberían ser atendidas de manera prioritaria, postergándolas para más tarde o incluso para otro día. Este comportamiento generalmente se manifiesta cuando las personas evitan realizar tareas que consideran desagradables, difíciles o estresantes, optando por dedicar su tiempo a actividades más gratificantes o placenteras, aunque sean menos prioritarias. La procrastinación puede llevar a una serie de consecuencias negativas, como aumento del estrés, la sensación de culpa, la pérdida de productividad y una disminución de la calidad del trabajo debido a la prisa o la falta de tiempo para completarlo adecuadamente.

Pero el orden va más allá de la disposición física de nuestro espacio de trabajo; también implica una gestión eficaz del tiempo y de nuestras tareas diarias. En este sentido, las herramientas de gestión del tiempo y organización emergen como aliados cruciales. Estas herramientas, que pueden variar desde aplicaciones tecnológicas hasta simples agendas, nos permiten tener un panorama claro de nuestras responsabilidades, plazos y proyectos en curso.

Al mantener un registro meticuloso de nuestras tareas, podemos evitar la procrastinación, equilibrar nuestra carga de trabajo y garantizar que cada proyecto reciba la atención y el tiempo que merece.

EL CONOCIMIENTO ES PODER

Los beneficios de comenzar el día con actividad física pueden ser múltiples, incluyendo mejoras en la energía, el enfoque y la salud general. Numerosos estudios han demostrado que el ejercicio físico puede aumentar significativamente los niveles de energía. Un estudio publicado en el *Journal of Health Psychology* (2010) encontró que las personas que se ejercitan regularmente tienden a reportar niveles de energía más altos y menos fatiga en comparación con aquellos que no lo hacen. Además, el ejercicio matutino puede liberar endorfinas, que son conocidas como las «hormonas de la felicidad», mejorando así el estado de ánimo y la disposición positiva frente al día que se tiene por delante.

El ejercicio físico también ha demostrado tener un efecto positivo en la concentración y el enfoque. Un artículo publicado en la revista *British Journal of Sports Medicine* (2019) sugiere que la actividad física tiene un efecto beneficioso en la función cerebral, incluyendo mejoras en la atención y la memoria.

La meditación, otro componente esencial, puede servir como una herramienta poderosa para recalibrar nuestra mente cada día. Yo recomendaría integrar dos sesiones de meditación en tu rutina diaria: una por la mañana para establecer una intención positiva para el día y otra por la noche para reflexionar y liberar las tensiones del día. La meditación ha encontrado defensores en personajes de la talla de Steve Jobs, quien integró esta práctica en su rutina diaria para fomentar la claridad mental y la creatividad. Jobs, conocido por su enfoque pionero y su capacidad para innovar, incorporó a su rutina la meditación zen, que pone un fuerte énfasis en la atención plena y la concentración, y lo ayudó a cultivar una mente tranquila y enfocada, lo que a su vez facilitó su capacidad para pensar de manera innovadora y visualizar soluciones creativas a problemas complejos. Se sabe que Jobs tenía una relación cercana con varios maestros zen e, incluso, realizó varios retiros de meditación que lo ayudaron a profundizar en su práctica.

Pero no solo Jobs se benefició de la meditación; numerosos líderes y creativos de diferentes campos han abrazado esta práctica. Por ejemplo, Marc Benioff, el fundador de la empresa de software Salesforce y propietario de la revista *Time* desde 2018, es otro de sus defensores y ha instalado salas de meditación en las oficinas de su empresa para fomentar el bienestar mental de sus empleados.

EL CONOCIMIENTO ES PODER

En un estudio significativo llevado a cabo por investigadores de la Universidad de Harvard, publicado en la revista *Psychiatry Research: Neuroimaging* en el año 2011, se encontró que la meditación puede tener un impacto positivo en la estructura del cerebro.

El estudio, dirigido por Sara Lazar, encontró que la meditación *mindfulness* (atención plena) puede llevar a incrementos en la densidad de materia gris en el hipocampo, un área del cerebro asociada con la memoria y el aprendizaje, así como en estructuras cerebrales asociadas con la autoconciencia, la compasión y la introspección. Además, se observó una disminución de la materia gris en la amígdala, que es una región cerebral asociada con el estrés y la ansiedad.

Los participantes en el estudio practicaron meditación *mindfulness* durante aproximadamente 27 minutos al día durante un periodo de ocho semanas. Los resultados sugieren que la meditación puede tener un efecto profundo y duradero en la estructura cerebral, lo que ayudaría a explicar algunos de los beneficios a largo plazo asociados con la práctica regular de la meditación.

Además, la lectura diaria, que puede ser de al menos una hora, no solo amplía nuestro conocimiento, sino que también mejora nuestra capacidad para pensar críticamente y resolver problemas. Figuras como Warren Buffett y Bill Gates son conocidos por dedicar una cantidad significativa de tiempo cada día a la lectura, lo que los ha ayudado a tomar decisiones informadas y exitosas en sus respectivas carreras.

Recomiendo leer al menos una hora al día sobre cualquier temática o nicho en el que estés interesado. Que no sean periódicos ni noticias, a ser posible, sino algún tema en particular que te ayude a desarrollarte como persona. No solo amplía tu conocimiento y comprensión del mundo, sino que también puede estimular tu creatividad y mejorar tus habilidades de pensamiento crítico.

Y algunos preguntarán de dónde van a sacar tiempo para una hora de lectura diaria si no lo tienen. Déjame decirte que todo en esta vida se trata de preferencias. ¿Verdad que vemos la televisión o una película antes de irnos a la cama? Pues lo mismo con la lectura. Debes ser preferente con tus consecuencias. No esperes conseguir algo sin antes sacrificar otra cosa.

TIP

Trucos para leer más

1. Prioriza la lectura.

- Haz de la lectura una prioridad en tu rutina diaria. Esto podría significar reemplazar una hora de ver televisión por una hora de lectura cada noche.
- **Ejemplo práctico:** establece un horario específico para la lectura cada día, como una hora antes de dormir.

2. Selecciona temas de tu interés.

- Elige libros sobre temas que te apasionen o en los que quieras profundizar. Esto hará que tu tiempo de lectura sea algo que esperas, en lugar de una tarea.
- **Ejemplo práctico:** crea una lista de libros que te gustaría leer en diferentes áreas de interés.

3. Crea un espacio de lectura tranquilo.

- Dedica un espacio tranquilo en tu hogar para la lectura, donde puedas sentarte cómodamente y concentrarte en tu libro sin distracciones.
- **Ejemplo práctico:** acondiciona una esquina de tu sala o habitación con una silla cómoda y buena iluminación.

4. Establece metas de lectura.

- Establece metas realistas de lectura para mantenerte motivado. Esto podría ser un número es-

pecífico de páginas o capítulos por día o por semana.

- **Ejemplo práctico:** proponte leer un libro cada
mes.

5. **Reducción de tiempo en pantallas.**
- Intenta reducir el tiempo que pasas frente a las
pantallas (televisión, ordenador, teléfono) para liberar más tiempo para la lectura.
- **Ejemplo práctico:** establece límites de tiempo
para el uso de dispositivos electrónicos cada día.

En conclusión, al fusionar estos tres elementos fundamentales (meditación, lectura y actividad física) en tu
rutina diaria, tendrás una transformación profunda en
tu vida.

Es cierto que no todos pueden encontrar afinidad con
la meditación, y no hay nada de malo en eso. Sin embargo, la incorporación de ejercicio físico y lectura en tu rutina puede ser un punto de convergencia universal para
mejorar tu vida. No solo te verás encaminado hacia una
vida más enriquecida y equilibrada, sino que también estarás sentando las bases sólidas para alcanzar tus metas
financieras y personales a largo plazo.

Finalmente, cabe recordar que debemos tener una
mentalidad de crecimiento, es decir, siempre ver más
allá, creer en que todo es posible y se puede conseguir.

Hay que tener fe en que nuestras habilidades y capacidades siempre están en continuo desarrollo a través del esfuerzo, la práctica y el aprendizaje. Por otro lado, existe también la mentalidad fija, que es la que tienen las personas que creen que las habilidades y capacidades que poseen no van a cambiar ni a mejorar y que no hay nada que hacer, se contentan con lo que son, con lo que tienen, y nunca alcanzan ningún logro.

«Hay que tener fe en que nuestras habilidades y capacidades siempre están en continuo desarrollo a través del esfuerzo, la práctica y el aprendizaje».

2.2. Segundo punto: la autoconfianza

Si no crees en ti mismo, nadie va a hacerlo tampoco, y esto quiero recalcarlo mucho porque, por experiencia propia y por obviedad general, al principio, cuando estás empezando, nadie va a creer en ti, sobre todo cuando te ven subiendo vídeos a redes sociales y hablando de algo nuevo sin recibir nada a cambio.

Recuerdo que, cuando yo me inicié en TikTok y en otras redes sociales, la gente me preguntaba qué estaba haciendo, como si pensaran que estaba perdiendo el tiempo. En su lugar, creían que debía descansar, pues por aquel entonces estaba trabajando, pero yo me obligué a mantener una visión túnel. Decidí no hacer caso a nadie excepto a las críticas constructivas. Piensa que eres la media de las cinco personas que te rodean, así que asegúrate de estar rodeado de personas emprendedoras, ambiciosas, y que te ayuden a crecer como persona. Saldrás ganando, te lo aseguro.

> **«La confianza en uno mismo es el primer secreto del éxito».**
>
> **Ralph Waldo Emerson**

Nunca podré dejar de insistir en lo importante que es el creer en uno mismo en el camino hacia el éxito, especialmente en la era digital, donde las personas están constantemente expuestas a juicios y comparaciones.

La literatura científica respalda firmemente la idea de que la autoconfianza es una piedra angular para alcanzar el éxito. De acuerdo con el psicólogo Albert Bandura, reconocido por su teoría del aprendizaje social, la autoeficacia, o la creencia en nuestras propias capacidades para ejecutar las acciones requeridas en ciertos escenarios, juega un rol vital en cómo abordamos metas, tareas y desafíos. Bandura argumenta que las personas con un alto sentido de autoeficacia, que esencialmente es una profunda creencia en uno mismo, son más propensas a asumir tareas desafiantes y a persistir en ellas, incluso cuando enfrentan obstáculos.

En el ámbito de las redes sociales y el emprendimiento digital, este sentido de autoeficacia puede traducirse en la persistencia necesaria para seguir creando contenido y compartiendo ideas, a pesar de la falta de reconocimiento inicial. Además, un estudio publicado en el *Journal of Business Venturing* en 2004 destaca que los emprendedores que poseen una alta autoeficacia tienden a crear metas más desafiantes y a mantener un compromiso firme con ellas, lo que puede impulsar el éxito de su emprendimiento.

En este camino, es vital que no permitas que la percepción de los demás moldee tu autoconcepto. Como lo indica la teoría del «efecto Pigmalión», las expectativas de los demás pueden influir en nuestro desempeño. Por lo tanto, mantener una creencia firme en tus capacidades puede servir como un escudo contra las expectativas negativas o la falta de fe de los demás.

DEFINICIÓN

El **efecto Pigmalión** es un fenómeno psicológico que describe cómo las expectativas de una persona respecto a otra pueden influir en el rendimiento de esta última. Es decir, si esperamos que alguien tenga un buen rendimiento, es probable que así sea, y viceversa. Este fenómeno lleva el nombre de Pigmalión, un personaje de la mitología griega que se enamoró de una estatua de su propia creación, la cual cobró vida debido a su amor y creencia en ella. **Ejemplo:** un profesor que espera un alto rendimiento de ciertos estudiantes puede, inconscientemente, brindarles más oportunidades, aliento y retroalimentación positiva, lo que a su vez mejorará el rendimiento de esos estudiantes.

El efecto contrario al efecto Pigmalión es conocido como el **efecto Golem**, en el que las bajas expectativas pueden llevar a un rendimiento decreciente. Es decir, si esperamos que alguien tenga un rendimiento pobre, es probable que así sea. **Ejemplo:** un profesor que espera poco de ciertos estudiantes, tal vez porque han obtenido calificaciones bajas en el pasado, puede proporcionarles menos apoyo y estímulo, lo que llevaría a un rendimiento aún más bajo.

Por lo tanto, deseo enfatizar la importancia de nutrir y cultivar la creencia en uno mismo. Esto no solo te equipará con la resiliencia necesaria para perseverar a pesar de los desafíos, sino que también puede influir positiva-mente en cómo los demás te perciben con el tiempo. Recuerda, tu valía no está determinada por la cantidad de seguidores o *likes*, sino por la pasión, la dedicación y el valor que aportas a través de tu esfuerzo.

2.3. Tercer punto: la resiliencia

Alguien con una mentalidad positiva, de crecimiento, una persona resiliente, aprovecha cada experiencia, cada oportunidad, para aprender y crecer. Cada obstáculo es algo de lo que extraer nuevos conocimientos y de lo que nutrirse.

Así es como se puede alcanzar el éxito, enfrentándo-nos a obstáculos como si fueran oportunidades que nos proporcionarán muchos beneficios. Hay que persistir ante las dificultades y aprender de nuestros errores, y, si caemos, levantarnos y volver a intentarlo. Con una mentalidad de crecimiento estaremos más abiertos a desafiar nuestras propias creencias, explorar nuevas perspectivas y perseguir nuestras metas con determi-nación.

DEFINICIÓN

La **resiliencia** es la capacidad de un individuo para recuperarse y adaptarse positivamente ante las adversidades, los traumas, las tragedias, las amenazas o el estrés significativo. Es una cualidad que permite a las personas enfrentar situaciones difíciles y salir de ellas fortalecidas, habiendo aprendido lecciones valiosas que les permiten enfrentar futuros desafíos de una manera más efectiva y equilibrada.

En esta travesía hacia el éxito, cada obstáculo que encontramos se convierte en una oportunidad única para aprender y crecer. Como bien señalaba el filósofo Friedrich Nietzsche, «lo que no me mata me fortalece». Esta perspectiva nos invita a mirar más allá de las dificultades inmediatas, a buscar las lecciones ocultas que cada experiencia puede brindar.

En el mundo de los negocios, por ejemplo, figuras como Steve Jobs ilustran cómo los obstáculos pueden ser fuente de innovación y crecimiento. Después de ser expulsado de Apple, la compañía que él mismo fundó, Jobs no se rindió. En lugar de eso, aprovechó esta experiencia para fundar NeXT y Pixar, empresas que revolucionarían la industria tecnológica y cinematográfica, respectivamente. Cuando regresó a Apple, lo hizo con nuevas perspectivas y estrategias que llevaron a la empresa a alturas sin precedentes.

El concepto de mentalidad de crecimiento fue popularizado por la psicóloga Carol Dweck, quien, a través de décadas de investigación, demostró que los individuos con una mentalidad de crecimiento (aquellos que creen que sus habilidades pueden desarrollarse) tienden a lograr más que aquellos con una mentalidad fija, quienes piensan que las habilidades son innatas e inmutables. Esta disposición para crecer y aprender se manifiesta de diversas formas, desde desafiar nuestras propias creencias hasta explorar nuevas perspectivas, y abre un camino prometedor hacia la realización personal y profesional.

CURIOSIDAD

Carol Dweck, una reconocida psicóloga y profesora de la Universidad de Stanford, ha dedicado gran parte de su carrera a investigar la naturaleza de la motivación y el rendimiento personal. En uno de sus estudios más citados, Dweck y sus colegas realizaron experimentos con estudiantes para observar cómo las mentalidades afectan a la motivación y el rendimiento académico. Los estudiantes fueron divididos en dos grupos: a uno se le enseñó que la inteligencia es fija y no puede ser cambiada (mentalidad fija), mientras que al otro se le enseñó que la inteligencia puede desarrollarse a través del esfuerzo y la práctica (mentalidad de crecimiento). Los resultados del estudio demostraron que los estudiantes que fueron inculcados con una mentalidad de crecimiento tendieron a mostrar una mayor motivación, disfrutaron más de los desafíos y obtuvieron mejores resultados académicos en comparación con aquellos con una mentalidad fija. Los estudiantes con una mentalidad de crecimiento demostraron una mayor persistencia en las tareas difíciles, una mayor resiliencia ante el fracaso y más disposición para emplear estrategias efectivas de aprendizaje.

La historia está repleta de figuras que han personificado la resiliencia y la mentalidad de crecimiento en su camino hacia el éxito. Nelson Mandela, quien superó años de encarcelamiento para liderar a Sudáfrica hacia una nueva era de igualdad y justicia, es un ejemplo viviente de cómo la resiliencia puede transformar no solo una vida, sino una nación entera. Su capacidad para aprender y crecer a partir de experiencias traumáticas y utilizarlas como fuente de inspiración y sabiduría resalta la verdadera esencia de una mentalidad de crecimiento.

Asimismo, la vida de Marie Curie, una física y química pionera, representa una historia de perseverancia y dedicación. A pesar de enfrentar innumerables obstácu-

LA MENTALIDAD LO ES TODO | 65

los, incluyendo el prejuicio de género en una época dominada por hombres, Curie persistió, convirtiéndose en la primera persona en recibir dos premios Nobel en diferentes campos científicos. Su vida es un testimonio de cómo una mentalidad de crecimiento puede abrir puertas insospechadas, llevándonos a alcanzar alturas inimaginables.

En ese sentido, la persistencia es un compañero constante en este viaje, una cualidad que nos permite enfrentar los desafíos con determinación incansable. Los errores y fracasos, lejos de ser un final, son un nuevo principio. Thomas Edison, cuyos innumerables errores en sus experimentos le llevaron a innovaciones revolucionarias, una vez dijo: «No he fallado. Simplemente he encontrado 10.000 maneras que no funcionan». Esta mentalidad, que ve el fracaso como una fuente de aprendizaje en lugar de una derrota, es fundamental para cultivar una mentalidad de crecimiento.

En conclusión, cultivar una mentalidad de crecimiento y resiliencia será fundamental en la ruta hacia el éxito. A través de la persistencia, la apertura a nuevas perspectivas y una inquebrantable fe en nuestra capacidad para aprender y crecer, podemos transformar cada obstáculo en una oportunidad de enriquecimiento personal y profesional.

Asimismo, cuando enfrentamos los desafíos con valentía y determinación, al levantarnos cada vez que caemos, estamos construyendo un camino hacia un futuro donde el éxito no se mide por la ausencia de dificultades, sino por nuestra capacidad para aprender y crecer a través de ellas.

2.4. Cuarto punto: enfocarte en la solución, no en el problema

Para progresar y tener éxito es fundamental, y una parte del proceso, el hecho de fracasar. A consecuencia de esos fracasos se alcanza el éxito. Nunca se debe ver el fracaso como una derrota y un final de partida. Es una piedra que pavimenta el camino al éxito.

«El éxito consiste en ir de fracaso en fracaso sin perder el entusiasmo».

Winston Churchill

En nuestra sociedad contemporánea, en la que se promueve la idea del éxito rápido y sin obstáculos, es fundamental reevaluar y reconocer el papel vital que juega el fracaso en el camino hacia el logro de metas significativas. A primera vista, el fracaso puede parecer un contratiempo devastador, una marca de incompetencia o incluso una señal de que deberíamos abandonar nuestros sueños. Sin embargo, una inspección más profunda revela que el fracaso, aunque doloroso, es una herramienta esencial de aprendizaje y crecimiento que puede, paradójicamente, acercarnos a nuestro verdadero éxito. Es como una escalera invisible al éxito.

Cada fracaso simplemente nos muestra una manera de cómo no hacer las cosas, acercándonos un paso más a encontrar el método correcto. Es a través del análisis de nuestros errores que podemos descubrir lagunas en nuestro conocimiento o habilidades, lo que nos permite trabajar específicamente en esas áreas y volver más fuertes y preparados para enfrentar los desafíos que se nos presenten.

Además, el fracaso puede actuar como un filtro, ayudándonos a refinar y clarificar nuestras verdaderas pasiones y metas. En muchos casos, los fracasos iniciales pueden desanimar a aquellos que no se sienten verdaderamente comprometidos con su camino. Por otro lado, aquellos que están genuinamente apasionados por su trayectoria pueden encontrar que su determinación se fortalece ante los fracasos, llevándolos a perseguir sus objetivos con una renovada energía y enfoque.

A nivel personal, el fracaso también puede fomentar el desarrollo de características valiosas como la resiliencia y la empatía. Al aprender a navegar a través de los fracasos, desarrollamos una mayor fortaleza mental, lo que nos permite recuperarnos más rápidamente de los contratiempos futuros. Además, experimentar el fracaso nos permite desarrollar una mayor empatía hacia los demás, ya que comprendemos profundamente las dificultades y desafíos que pueden surgir en el camino hacia el éxito.

EL CONOCIMIENTO ES PODER

Una de las corrientes filosóficas que más han reivindicado el fracaso como camino al éxito es el **estoicismo**, que guía hacia un enfoque más centrado en las soluciones que en los problemas. Esta aproximación, que hunde sus raíces en las enseñanzas de filósofos como Séneca, Epicteto y Marco Aurelio, nos invita a liberarnos de la angustia de lo que no podemos controlar y a concentrarnos en las acciones constructivas que sí están a nuestro alcance.

La filosofía estoica, que prosperó en la Grecia y la Roma clásicas, nos enseña que, aunque no podemos evitar los contratiempos y las adversidades, tenemos el poder de elegir cómo responder a ellos. Epicteto, uno de los filósofos estoicos más destacados, enfatizó que «no nos afectan las cosas, sino la opinión que tenemos de ellas». Este principio nos impulsa a cambiar nuestra perspectiva, centrando nuestra energía en encontrar soluciones en lugar de lamentarnos por los problemas.

En conclusión, lejos de ser un obstáculo insuperable, el fracaso puede ser un aliado poderoso en nuestra travesía hacia el éxito. Al abrazar los fracasos como oportunidades para aprender, crecer y refinar nuestras trayectorias, podemos abrirnos a un camino de éxito auténtico y duradero. Por lo tanto, la próxima vez que te encuentres cara a cara con un fracaso, te invito a que lo veas no como un final, sino como una oportunidad preciosa: una señal de que estás en el camino correcto, aprendiendo las lecciones necesarias para alcanzar tu verdadero potencial.

2.5. Quinto punto: cómo desarrollar una mentalidad adecuada en el mundo de las finanzas

Una vez que tengamos una mentalidad adecuada sostenida por los cuatro pilares anteriormente citados, debemos reorientarla para tratar con las finanzas, tomar decisiones financieras inteligentes y alcanzar la estabilidad económica.

> «No pongas nunca tu dinero donde no pongas tu mente».
>
> **Benjamin Franklin**

A continuación, te dejo algunos consejos sobre cómo cultivar esta mentalidad financiera positiva.

El primero es dedicar tiempo a aprender sobre finanzas personales. Con esto me refiero a algo que he mencionado en el apartado anterior, y se trata de la lectura. La forma más básica y eficiente de aprender es leyendo libros. También puedes seguir blogs o escuchar pódcast sobre el tema. Cuanto más conocimiento tengas sobre conceptos financieros básicos como ahorro, inversión y deuda, más confianza tendrás a la hora de tomar decisiones financieras.

Después, es importante establecer metas financieras claras. Tienes que establecer metas específicas y realistas, que pueden ser a corto plazo (como ahorrar para unas vacaciones) o a largo plazo (para planificar tu jubilación). Establecer metas te ayudará a mantener el enfoque y a tomar decisiones acordes con tus objetivos.

A continuación, es necesario crear un presupuesto de gasto mensual. Te recomiendo que elabores un presupuesto detallado que refleje tus ingresos y gastos mensuales. Haz un seguimiento regular de tus gastos para asegurarte de estar cumpliendo tu planificación. Esto te ayudará a tomar decisiones financieras más informadas y a evitar gastar más de la cuenta.

También es muy importante desarrollar una actitud de ahorro e inversión. Fomenta el hábito de ahorrar regularmente. Establece un porcentaje de tus ingresos para ahorrar e invertir esos ahorros de manera inteligente para hacer que tu dinero crezca. Aprende sobre diferentes opciones de inversión y considera consultar a un asesor financiero si es necesario.

Para empezar, te ofrezco una guía simplificada de todo este proceso que puedes modificar, ampliar o adaptar a tus necesidades, tus aspiraciones o incluso tu personalidad:

Paso 1. Identificar los ingresos

El primer paso en la creación de un presupuesto es tener una clara comprensión de tus ingresos mensuales. Esto incluye salario, ingresos de inversiones, y cualquier otra fuente de ingresos que puedas tener.

Paso 2. Listar todos los gastos fijos

Los gastos fijos son aquellos que son constantes cada mes, como el alquiler o la hipoteca, pagos de préstamos, seguros, entre otros.

Paso 3. Listar todos los gastos variables

Los gastos variables son aquellos que pueden cambiar de un mes a otro, como la alimentación, transporte, entretenimiento, etc.

Paso 4. Seguimiento y ajustes

Una vez que tengas una lista de tus ingresos y gastos, es hora de hacer un seguimiento regular para asegurarte de que estás cumpliendo con tu presupuesto. Además, puede ser necesario hacer ajustes de vez en cuando para reflejar cambios en tus ingresos o gastos.

Paso 5. Establecer metas financieras

Con tu presupuesto en su lugar, puedes establecer metas financieras realistas, como ahorrar para un fondo de emergencia, un viaje o una inversión futura.

Paso 6. Revisión mensual

Al final de cada mes, revisa tu presupuesto para ver cómo lo hiciste y dónde podrías hacer ajustes para el próximo mes.

Ahora, para visualizar mejor esta estructura, vamos a crear una tabla que podrías utilizar para rastrear tus ingresos y gastos mensuales.

Aquí está la tabla gráfica que representa tu **presupuesto de gasto mensual**. En esta tabla podrás registrar semanalmente tus ingresos, gastos fijos y variables, y automáticamente calcular cuánto has ahorrado esa semana. Al final del mes, tendrás una visión clara de tus finanzas mensuales, lo que te permitirá tomar decisiones financieras más informadas y evitar gastos excesivos.

Recuerda: la planificación y la gestión cuidadosa de tu presupuesto no solo te ayudará a mantener una buena salud financiera, sino que también te pondrá en el camino hacia el logro de tus metas financieras a largo plazo.

Presupuesto de gasto mensual

Categoría	Semana 1	Semana 2	Semana 3	Semana 4	Total mensual
Ingresos	0	0	0	0	0
Gastos fijos	0	0	0	0	0
Gastos variables	0	0	0	0	0
Total ahorrado	0	0	0	0	0

Recuerda que desarrollar una mentalidad financiera adecuada requiere tiempo y práctica, así que ten paciencia. De hecho, en el siguiente capítulo voy a ofrecerte una visión más práctica de todo ello, profundizando en diversos ámbitos.

TIP

No confundas tener éxito con ser una persona exitosa.

Las metas que una persona alcanza pueden ser tanto logros profesionales como personales, y estas nos llevan al tema de la felicidad y el bienestar. El equilibrio entre el trabajo y la vida personal influye en cómo nos sentimos y en nuestra actitud. Si logramos encontrar ese equilibrio, la felicidad y el bienestar vendrán solos y sin esfuerzos.

El equilibrio y la autenticidad tienen que ver con el hecho de no dejarse llevar únicamente por el trabajo o el éxito material. Se basan en mantenerse fiel a uno mismo y vivir una vida plena, construida a partir de nuestros valores y pasiones, y no en seguir a los demás y satisfacer sus expectativas.

Lo más importante es que cada uno se sienta satisfecho y realizado con los logros que ha conseguido.

CAPÍTULO 3

MEJORA TU
ECONOMÍA PERSONAL

En este capítulo voy a hablarte de la economía personal y de cómo mejorarla según mis conocimientos y experiencia.

Mejorar tu economía personal implica tomar medidas y decisiones que te permitan administrar tus ingresos, controlar tus gastos y planificar a largo plazo.

Recuerda que mejorar tu economía personal es un proceso gradual que requiere disciplina y constancia. Mantén el enfoque en tus objetivos financieros y no te desalientes si encuentras obstáculos en el camino. Con el tiempo y el esfuerzo adecuados, puedes lograr una mayor estabilidad y bienestar económico.

3.1. Tarjeta de DÉBITO o de CRÉDITO

A la hora de decidir entre tarjeta de crédito o de débito, en mi opinión, deberíamos ir a por una de crédito siempre que sea posible, aunque hay que tener en cuenta que no a todo el mundo le conceden una.

La entidad a la que solicitemos la tarjeta, es decir, el banco, normalmente nos pide que cumplamos unos requisitos, como ser mayor de edad y tener solvencia económica para que, en caso de contraer deudas, esté garantizado que podamos pagarlas y no endeudarnos y acabar en una lista de morosos.

La principal diferencia entre las dos tarjetas es que con la tarjeta de débito estás utilizando el dinero que tú tienes, y con la de crédito estás gastando dinero que te presta el banco. Es decir, estás usando dinero que no es tuyo y que a la larga tendrás que devolver. Si lo devuelves en un mes, la entidad no cobra intereses, pero, en caso de devolver la cuantía que has gastado en más de una mensualidad, la entidad comenzará a cobrarte intereses de forma recurrente hasta que termines de pagar la deuda total.

La razón principal por la que debemos usar el dinero del banco y no el nuestro es porque, al igual que hace la gente rica, la clave para generar riqueza es el apalancamiento. Esto nos permitirá **ganar más con menos.**

DEFINICIÓN

El término **apalancamiento** hace referencia al uso del dinero de otros en lugar de usar el nuestro propio y así obtener beneficios con menos riesgo.

Además del apalancamiento que ofrecen las tarjetas de crédito, estas también tienen recompensas como el *cashback,* promociones y, sobre todo, seguridad. Con todo, no siempre las tarjetas de crédito son iguales. Cada una depende de la entidad a la que correspondan.

DEFINICIÓN

El *cashback* es el término que se utiliza cuando la entidad de la tarjeta que uses te retorna un porcentaje del total de cada compra que hagas con ella. Si, por ejemplo, tu tarjeta tiene un **cashback** del 2 %, cada vez que compres en un supermercado, por ejemplo, la entidad bancaria te reembolsará a tu cuenta el 2 % del total de la compra. Si te gastas 100 euros, la entidad te devolverá 2 euros.

Otra de las ventajas es que muchas entidades ofrecen puntos según la cantidad de dinero que gastes. Estos puntos pueden ser canjeados más tarde por viajes, por ejemplo, o en acceso a salas VIP y *lounges* en los aeropuertos. Podrás beneficiarte de este tipo de ventajas gracias a gastar dinero con tu tarjeta de crédito.

Lo más importante, y por lo que yo siempre recomiendo usar tarjeta de crédito, es por la seguridad que ofrecen. En caso de tener una tarjeta de débito y que en algún momento te la roben, realicen compras con ella o saquen dinero, el banco no se responsabiliza, ya que ese dinero es tuyo. En cambio, si esa situación se da con una tarjeta de crédito, el banco se hace responsable de todo, ya que el dinero es suyo y, por lo tanto, tienen que ofrecerte ese privilegio en caso de que suceda dicha situación.

Por si no fuera suficiente, algunas tarjetas también ofrecen garantías de compra, es decir, que, si compras, por ejemplo, unos AirPods y se estropean o te los roban, puedes ponerte en contacto con tu banco y reclamar esa compra efectuada. Como esa compra se ha hecho con la tarjeta de crédito de esa entidad bancaria, ellos te ofrecen la garantía de hacerse responsables en caso de un defecto de fábrica, o, en el caso que comentamos, de robo. Te reembolsan el importe total, lo cual es genial si te ocurre un percance similar o si eres una persona algo descuidada.

Con las tarjetas de crédito es muy importante que, antes de contratarlas, realices un análisis previo y utilices para ello un comparador de tarjetas de crédito, el cual nos dirá cuál es la mejor según nuestra situación económica y qué condiciones nos ofrecerá. Siempre hay que buscar tarjetas de crédito sin cuota de mantenimiento, es decir, sin comisiones y que nos permitan pagarlo todo a una cuota sin intereses, ya que pagándolo a una cuota antes de que pase un mes y caduque dicho plazo no nos van a cobrar ninguna comisión ni interés.

C U R I O S I D A D

Hace no tantos años, en la era que podría parecer casi prehistórica para los nativos digitales de hoy, el concepto de «dinero plástico» era un territorio inexplorado. Pero todo cambió con la invención de las tarjetas de crédito, una pequeña revolución que cabía en nuestros bolsillos.

Remontémonos a los años cincuenta del siglo pasado, una época de optimismo tras la guerra, de faldas de vuelo y de rock and roll. En medio de este fervor, en 1950, nació la primera tarjeta de crédito: la Diners Club Card. Pero ¿cómo surgió exactamente esta idea revolucionaria?

Todo comenzó con un hombre llamado Frank Mc-Namara, quien tras una comida en un restaurante de Nueva York se dio cuenta de que había olvidado su billetera. Este inconveniente lo llevó a idear un sistema donde los individuos pudieran realizar compras sin efectivo, pagando a crédito mediante una tarjeta que luego sería saldada al final de cada mes. Así, junto con su socio Ralph Schneider, creó la Diners Club Card, la cual inicialmente solo era aceptada en 27 restaurantes de Nueva York.

Aunque ahora nos parece algo común, en aquel entonces la idea de poder realizar una transacción financiera con un simple pedazo de plástico era casi futurista. La tarjeta de crédito no solo eliminó la necesidad de llevar grandes cantidades de dinero en efectivo, sino que también facilitó un nuevo nivel de comodidad y flexibilidad en la gestión financiera personal.

No mucho después, otros gigantes financieros comenzaron a darse cuenta del potencial de este invento. En 1958, American Express lanzó su propia tarjeta, que amplió el alcance de las tarjetas de crédito a viajes y entretenimiento. Esto marcó el inicio de una revolución financiera, cambiando para siempre la forma en que manejamos y gastamos nuestro dinero.

3.2. Fondo de emergencia

El fondo de emergencia (fondo de previsión de gastos) es también un elemento fundamental de tu economía. Si sufres cualquier emergencia, este fondo te permite no tener que recurrir a la solicitud de un préstamo para cubrir ese imprevisto.

Lo recomendable es que el fondo tenga y pueda cubrir gastos básicos de entre tres y seis meses. Si, por ejemplo, entre el alquiler y demás, tienes un gasto de 1.000 euros, este fondo de emergencia tendría que poder cubrirte entre tres y seis meses de esos gastos (entre 3.000 euros y 6.000 euros).

Un ejemplo aplicado a un incidente bastante común es que se te estropee el coche y que necesites urgentemente una reparación. En lugar de pedir un préstamo, al tener el fondo de emergencia puedes sacar el dinero de ahí sin tener que recurrir a una entidad bancaria.

Es importante que ese fondo de emergencia esté en una cuenta de ahorros remunerada. Este tipo de cuentas te ofrecen alrededor de un 2 % anual, y los intereses que te vayan generando te los pagan normalmente cada mes. Si tienes 1.000 euros, te generaría un 2 % que se repartiría en tu cuenta de forma equitativa cada mes durante el año. De esta forma, evitamos que el dinero en esa cuenta se vaya devaluando debido a la inflación y, al menos, esté generando una rentabilidad.

En resumen:

1. **Determina la cantidad adecuada:** lo ideal es que tu fondo de emergencia tenga suficiente dinero para cubrir tus gastos esenciales durante un periodo de 3 a 6 meses.

2. **Elige el lugar correcto para guardarlo:** guarda tu fondo de emergencia en una cuenta que sea fácilmente accesible, pero no demasiado, para evitar la tentación de utilizarlo para gastos no urgentes.

3. **Contribuye regularmente:** haz contribuciones regulares a tu fondo, incluso si es una pequeña cantidad. Lo importante es desarrollar el hábito de ahorrar.

4. **Úsalo solo para emergencias:** asegúrate de utilizar el fondo solo para emergencias verdaderas, no para gastos planificados o deseos impulsivos.

3.3. Creación de un presupuesto de gasto mensual

Para construir este fondo de emergencia, lo normal es destinar cantidades recurrentes de dinero cada mes con el fin de tenerlo construido lo antes posible. Podemos depositar unos cien o doscientos euros cada mes, o lo que cada persona considere oportuno según su situación económica.

Para ello, vamos a realizar un presupuesto de gasto mensual que es una tabla en la cual indicaremos nuestros ingresos totales mensuales, incluyendo todas y cada una de nuestras ganancias. Por otro lado, pondríamos los gastos que podemos tener a lo largo del mes, como son el alquiler y las facturas, la compra de comida, etc. Esto nos permitirá saber cuánto dinero estamos gastando y en qué, y en caso de gastarlo en cosas innecesarias podemos eliminar estos gastos y repartir ese dinero en cosas que nos vayan a generar todavía más beneficios, como inversiones, de las que hablaremos a continuación, y las cantidades recurrentes que irán al fondo de emergencia.

La elaboración de un presupuesto de gasto mensual dependerá de la situación económica de cada persona, pero, como norma general, se aplica la regla financiera del 50-30-20. Esta regla nos indica que tenemos que destinar el 50 % de nuestros ingresos a gastos básicos, es decir, el alquiler, la comida, etcétera. El 30 % iría destinado al ocio, como podría ser salir a cenar, la membresía en el gimnasio, o cualquier otra cosa secundaria sin las cuales podríamos vivir perfectamente. El resto iría destinado a los ahorros y a las inversiones.

> **«El presupuesto de gasto mensual dependerá de la situación económica de cada persona, pero, como norma general, se aplica la regla financiera del 50-30-20».**

Esta regla es apreciada por su simplicidad y efectividad. Al seguir esta guía, puedes crear un presupuesto equilibrado que te permita vivir cómodamente mientras también construyes una sólida base financiera para el futuro.

Este presupuesto se puede hacer con una tabla de Excel y en ella pondremos nuestros ingresos y nuestros gastos totales para conocer cuánto nos queda a final de mes y cómo repartirlo con fórmulas.

	A	B	C	D
1		Total	Mensual	Hucha
2	Esencial	750,00 €	750,00 €	0
3	Felicidad	450,00 €	350,00 €	100,00 €
4	Ahorros	300,00 €	300,00 €	0,00 €
5		1.500, 00 €	1.400,00 €	100,00 €
6				
7				
8	Esencial		Total	
9	Facturas		100 €	
10	Alquiler		550 €	
11	Compra		100 €	
12				
13	TOTAL:		750 €	
14				
15	Felicidad		Total	
16	Viajes		200 €	
17	Restaurantes		100 €	
18	Cine		50 €	
19			0 €	
20	TOTAL:		350€	
21				
22	Ahorros		Total	
23	Fondo de emergencia		150 €	
24	Inversiones		150 €	
25				
26	TOTAL:		300 €	

3.4. Ahorrar o invertir

La pregunta que muchos se hacen es si deberían ahorrar o invertir. En este apartado, quiero demostrar que una es la consecuencia de otra.

Para invertir necesitas ahorrar, pero ahorrar como tal no sirve de nada y, si ahorras dinero en una cuenta bancaria que no te proporciona ninguna rentabilidad, piensa que ese dinero se está devaluando constantemente debido a la inflación, y, en el caso de países como Venezuela o Argentina, entre otros, en menos de un mes esos ahorros pueden llegar a esfumarse. En España la inflación suele estar entre un 2-4 %, pero durante los años de pandemia llegó a estar en el 11 %. Si tenías 100 euros ahorrados en el banco, técnicamente a final de año seguías teniendo la misma cantidad, pero el poder adquisitivo, lo que puedes comprar con ese dinero realmente, es como si fueran 89 euros en lugar de 100 euros. Con la misma cantidad puedes comprar menos cosas que antes.

Frente a este desafío, la inversión emerge como una estrategia poderosa y necesaria para preservar y, de hecho, aumentar el valor de tus ahorros. Invertir en activos con un potencial de crecimiento, como acciones, bonos o bienes raíces, puede proporcionar rendimientos que no solo compensan la inflación, sino que también generan una apreciación significativa del capital a lo largo del tiempo.

Pero ¿cómo se traduce esto en la práctica? Supongamos que en lugar de mantener esos 100 euros en una cuenta bancaria decides invertirlos en un fondo índice con un rendimiento anual promedio del 7 %. Al final del año, no solo habrías protegido tu dinero contra la inflación, sino que también habrías conseguido un beneficio, aumentando el valor de tus ahorros a 107 euros. Con el tiempo, estos beneficios pueden acumularse, llevándote por un camino de crecimiento financiero sostenido.

> «Los pobres y la clase media trabajan por dinero. Los ricos hacen que el dinero trabaje para ellos».
>
> **Robert Kiyosaki,**
> autor de *Padre rico, padre pobre*

En conclusión, mientras que ahorrar es un punto de partida esencial en la gestión financiera personal, invertir es el paso vital que sigue, una estrategia proactiva que busca no solo preservar el valor de tus ahorros sino también aumentarlo. En un mundo de incertidumbres económicas y fluctuaciones monetarias, invertir es más que una opción: es una necesidad imperante para garantizar una futura estabilidad y prosperidad financiera.

En el próximo capítulo, voy a explicarte cómo empezar a invertir y todos los riesgos que deberías tener en cuenta.

CAPÍTULO 4

FUNDAMENTOS DE LA INVERSIÓN

El libro *Padre rico, padre pobre*, de Robert Kiyosaki, es más que una simple guía sobre finanzas personales; es una revolución conceptual que desafía las creencias convencionales sobre el dinero y la inversión. Su tesis central se centra en desmitificar las ideas preconcebidas sobre el éxito financiero y redirigir la navegación hacia una ruta de independencia económica y prosperidad.

En este texto emblemático, Kiyosaki narra su propia experiencia creciendo con dos figuras paternas distintas: su «padre pobre», su padre biológico, un hombre con una sólida educación pero con creencias tradicionales sobre la riqueza, y su «padre rico», el padre de su mejor amigo, un hombre próspero que, a pesar de no tener una educación formal, poseía una profunda comprensión de los principios de inversión y gestión financiera.

El «padre pobre» representa la mentalidad convencional que muchos de nosotros hemos heredado: la creencia de que la clave del éxito reside en una buena educación, seguida de un trabajo estable que nos proveerá de los medios para vivir cómodamente. A través de esta lente, el dinero se ve como un recurso finito que debe ser ganado y ahorrado cuidadosamente, una herramienta que permite una vida decente pero limitada en su capacidad para crear verdadera riqueza y libertad.

Por otro lado, el «padre rico» encarna una perspectiva completamente diferente, una que ve el dinero no como un fin, sino como un medio para alcanzar mayores alturas financieras. Él aboga por la educación financiera, una comprensión profunda de cómo funciona el dinero y cómo puede ser empleado para generar ingresos pasivos y crecimiento a largo plazo. Esta es una invitación a invertir inteligentemente, a utilizar el capital de formas que promuevan la creación de riqueza sostenible a lo largo del tiempo.

Y es que uno de los aspectos más revolucionarios del libro es su énfasis en la adquisición de activos en lugar de pasivos. Mientras que muchos aspiran a adquirir bienes materiales de alto valor, como casas y autos, Kiyosaki señala que estos son, en realidad, pasivos que drenan los recursos financieros a lo largo del tiempo. En lugar de ello, aboga por invertir en activos que generen ingresos, como bienes raíces para alquilar o inversiones en acciones que proporcionen dividendos regulares.

El enfoque de Kiyosaki en la adquisición de activos en lugar de pasivos es un punto de vista sostenido y enfatizado por varios gurús financieros y autores de libros de finanzas personales. La idea central es que, para alcanzar la libertad financiera, uno debe concentrarse en acumular activos que generen flujos de ingresos continuos, en lugar de acumular pasivos que consumen recursos.

Por ejemplo, en su libro *El hombre más rico de Babilonia*, George S. Clason introduce el concepto de «hacer que el dinero sea tu esclavo». Al igual que Kiyosaki, Clason advierte contra el gasto desmesurado en lujos y aboga por invertir sabiamente para generar riqueza a lo largo del tiempo. A través de parábolas de la antigua Babilonia, ilustra cómo las inversiones inteligentes pueden convertirse en una fuente constante de ingresos, demostrando el poder de centrarse en la adquisición de activos.

Otro autor que comparte una perspectiva similar es Thomas J. Stanley, coautor de *El millonario de la puerta de al lado*. En este libro, Stanley desmantela la noción popular de que los millonarios gastan libremente en bienes de lujo. En cambio, revela que la mayoría de los millonarios en América son, de hecho, frugales, evitando los pasivos y enfocándose en construir activos que generen riqueza a lo largo del tiempo. Su investigación muestra que los verdaderos millonarios son aquellos que han sabido discernir entre activos y pasivos, optando por invertir en lo primero.

Por último, pero no menos importante, tenemos a Jim Collins, autor de *Good To Great: ¿Por qué algunas compañías dan el salto a la excelencia y otras no?*, quien, aunque se centra más en el mundo corporativo, ofrece ideas que son igualmente aplicables al mundo de las finanzas personales. Collins habla de cómo las empresas exitosas se centran en construir y cultivar activos duraderos, en lugar de perseguir ganancias a corto plazo.

C U R I O S I D A D

La estrategia financiera de Julio César

Julio César, uno de los líderes más célebres de la historia, también fue un maestro en la gestión de activos y pasivos, aunque de una forma muy diferente a lo que podríamos imaginar hoy.

Antes de convertirse en el líder supremo de Roma, César se encontraba en una situación financiera extremadamente precaria debido a sus extravagantes hábitos de gasto y a la acumulación de enormes deudas.

Sin embargo, en lugar de permitir que estos pasivos lo arruinaran, César adoptó una estrategia audaz y arriesgada: utilizó sus deudas como una forma de inversión en su propio futuro político.

César gastó enormes sumas de dinero, que en realidad no poseía, para financiar espectáculos públicos, banquetes y otros eventos diseñados para ganarse el favor del público romano. Aunque estos gastos podrían ser vistos como pasivos, en manos de César se convirtieron en activos estratégicos. Estas «inversiones» pagaron dividendos políticos, ayudándolo a construir una base de apoyo que fue crucial para su eventual ascenso al poder.

Una vez que alcanzó una posición de poder e influencia, pudo utilizar los recursos del Estado para saldar sus deudas anteriores, demostrando así que, a veces, la línea entre un activo y un pasivo puede ser más fluida y contextual de lo que podríamos pensar inicialmente.

En conclusión, la noción de centrarse en la adquisición de activos en lugar de pasivos es un principio bien establecido en la literatura de finanzas personales. Desde las antiguas calles de Babilonia hasta los modernos corredores corporativos, la sabiduría de invertir en activos ha sido una constante, una guía que ha dirigido a incontables individuos y empresas hacia caminos de prosperidad y éxito financiero.

4.1. Definición de inversión y su importancia

La importancia de invertir se basa en tres aspectos primordiales:

1. El crecimiento del capital, ya que con esa inversión buscamos generar un rendimiento significativo con el paso del tiempo, y al invertirlo lo que estamos haciendo es poner nuestro dinero, el dinero que hemos ganado de otro negocio, a trabajar por nosotros de forma automática sin que tengamos que estar pendientes, y de esa forma poder aumentar ese capital de forma significativa.

2. Protegernos contra la inflación. La inflación es la disminución de nuestro poder adquisitivo, ya que el coste de vida va aumentando a medida que pasan los años y por lo tanto nuestro dinero vale menos. Al invertir podemos obtener una rentabilidad y hacer que este dinero que ganemos no se devalúe, sino que aumente con el paso del tiempo y de esta forma proteger nuestro patrimonio.

3. La diversificación del riesgo, ya que invertir en distintos activos, como acciones, bonos bienes, raíces o fondos de inversión, nos permite diversificar nuestro riesgo y de esta forma hacer que si una in-

versión no va tan bien compensarla con otra y poder conseguir un mejor rendimiento.

Invertir no es una forma de ganar dinero sino de ren-
tabilizar el dinero que hemos ganado a través de cualquier otra fuente.

Así pues, cuando hablamos de inversión, nos referi-
mos a la acción de destinar recursos, en este caso nos
ceñiremos a recursos financieros, a un proyecto o sector
en concreto con el propósito o la expectativa de obtener
beneficios. Invertir implica poner a disposición ciertos
recursos con la esperanza de que crezcan, se multipliquen
o generen algún tipo de retorno positivo en términos económicos.

Podemos invertir de diferentes formas y en distintos
ámbitos. Algunos de ellos serían el mercado de valores o
bienes raíces. El objetivo principal de invertir es aumentar
el valor de los recursos empleados, ya sea a través de la
generación de ingresos pasivos, el crecimiento del capital
invertido o el logro de metas financieras a largo plazo.

Sobre todo, cuando nos introduzcamos en el mundo
de la inversión, no podemos olvidar ciertos riesgos que
implica, ya que no todas las inversiones nos garantizan
un rendimiento positivo y existe la posibilidad de perder
parte o la totalidad de los recursos invertidos. Por lo tan-

to, es fundamental realizar un análisis y evaluación adecuados de las opciones de inversión disponibles, considerando factores como el nivel de riesgo, la rentabilidad esperada, el plazo de inversión y la diversificación de cartera, entre otros. Un inversor sabio siempre está bien informado, manteniendo un ojo en el horizonte económico, prediciendo las tendencias del mercado con una mezcla de análisis técnico y visión estratégica. Además, debe estar dispuesto a aprender continuamente, adaptándose a las dinámicas cambiantes del mundo financiero.

Finalmente, un buen inversor es sinónimo de un buen diversificador. Este principio, ampliamente aclamado y respaldado por numerosos expertos y veteranos de la industria, se presenta como una estrategia maestra; una técnica que, al emplearse correctamente, puede transformar una travesía potencialmente peligrosa en una expedición de descubrimiento y prosperidad. Sobre todo esto hablaré más ampliamente en el capítulo 7.

4.2. Creación de un plan de inversión

En cuanto a la creación de un plan de inversión, se trata simplemente de diversificar los ahorros que tienes para poder sacarles una rentabilidad a través de la inversión.

Esto depende de cada persona y de su situación económica. Algunos se decantan por tomar mayores riesgos, como sería invertir en criptomonedas, y otras personas son más conservadoras y prefieren invertir en renta fija. La renta fija tiene poca volatilidad, pero, por consiguiente, la rentabilidad que ofrece es también muy baja. Si inviertes en cosas más volátiles, como el sector de las criptomonedas, tendrás mayor rentabilidad, pero el riesgo también es mayor. Hay que encontrar un punto de equilibrio a la hora de invertir en el que nos sintamos cómodos.

Una cartera de inversión es el conjunto de activos donde está invertido nuestro dinero, y es fundamental que esté bien diversificado. Como el dicho bien indica, «no tengas todos los huevos en la misma cesta», porque, si tienes todo el dinero en el mismo activo y este cae, toda tu cartera va a caer. En caso contrario, si tenemos un 10 % en criptomonedas, un 20 % en la bolsa y un 40 % en propiedades, si cae un mercado, el otro no necesariamente tiene que caer del mismo modo. Incluso puede que suba.

> **«Si tienes todo el dinero en el mismo activo y este cae, toda tu cartera va a caer».**

En cuanto a los activos que pueden formar nuestra cartera, existe una gran variedad. Podrían ser criptomonedas, como ya he mencionado antes, o materias primas, como serían el oro o la plata, e incluso inmuebles. Escoger depende de cada persona, de lo que a cada uno le produzca confianza y comodidad a la hora de invertir.

TIP
Las criptomonedas no son para todos

Te recomiendo que no inviertas en criptomonedas solo porque veas que tienen alta rentabilidad. Si no te sientes cómodo invirtiendo en ese sector, te aseguro que, en cuanto veas que las criptomonedas bajan, por miedo vas a vender la cantidad que poseas y, en consecuencia, perderás dinero. Como recomendación para aquellas personas que quieran invertir en criptomonedas, no inviertas más del 10 % de tu capital, ya que, al tener más volatilidad, es cierto que se pueden exponenciar las ganancias, pero el mundo de las criptomonedas es como un arma de doble filo, tal y como indiqué al inicio del libro: puedes ganar mucho dinero, así como también puedes perderlo.

A continuación, exploraremos los componentes clave de un plan de inversión y analizaremos los diversos tipos de activos que puedes incluir en tu cartera, junto con sus definiciones, riesgos y ventajas.

1. **Definición de objetivos financieros:** identifica tus metas financieras a corto, medio y largo plazo. Pueden ser la compra de una casa, la educación de tus hijos o la jubilación.

2. **Análisis del perfil de riesgo:** determina tu tolerancia al riesgo, es decir, hasta qué punto estás dispuesto a soportar fluctuaciones en el valor de tu cartera.

3. **Selección de activos:** elige una mezcla de activos que se alinee con tus objetivos y perfil de riesgo.

4. **Diversificación:** distribuye tus inversiones entre diferentes tipos de activos para minimizar el riesgo.

5. **Revisión y ajuste:** revisa y ajusta tu plan de inversión de forma regular para asegurar que sigue siendo relevante y efectivo.

Tipos de activos y sus características

1. Acciones

- **Definición:** representan una participación en la propiedad de una empresa.

- **Riesgos:** volatilidad del mercado, riesgo empresarial.
- **Ventajas:** potencial de altos rendimientos, dividendos.

2. Bonos

- **Definición:** son deudas emitidas por entidades gubernamentales o corporativas.
- **Riesgos:** riesgo de incumplimiento, tasas de interés.
- **Ventajas:** ingresos por intereses regulares, menor volatilidad que las acciones.

3. Bienes raíces

- **Definición:** inversiones en propiedades físicas, como casas, edificios comerciales, etc.
- **Riesgos:** liquidez limitada, costos de mantenimiento.
- **Ventajas:** apreciación del valor, ingresos por alquiler.

4. *Commodities*

- **Definición:** inversiones en materias primas, como oro, petróleo, etc.
- **Riesgos:** volatilidad de precios, riesgos geopolíticos.
- **Ventajas:** protección contra la inflación, diversificación.

5. Fondos mutuos

- **Definición:** fondos que invierten en una diversificada cartera de activos, gestionados por profesionales.
- **Riesgos:** riesgos asociados con los activos subyacentes, tarifas.
- **Ventajas:** diversificación, gestión profesional.

6. ETF (fondos cotizados en bolsa)

- **Definición:** fondos que también invierten en una diversificada cartera de activos pero se negocian en bolsas de valores.
- **Riesgos:** riesgos asociados con los activos subyacentes, volatilidad del mercado.
- **Ventajas:** flexibilidad, bajas tarifas.

5. Inversiones alternativas

- **Definición:** incluyen inversiones en *hedge funds*, capital privado, arte, etc.
- **Riesgos:** liquidez limitada, altos costos.
- **Ventajas:** diversificación, potencial de altos rendimientos.

Al crear un plan de inversión, es crucial tener en cuenta estos diferentes tipos de activos, evaluando cuidadosamente sus riesgos y ventajas, y seleccionando una combinación que esté en sintonía con tus metas y tolerancia al riesgo. Un plan de inversión bien ejecutado puede ser la clave para alcanzar tus objetivos financieros y asegurar un futuro financiero estable y próspero.

Dicho todo esto, te voy a dar tres ejemplos de planes de inversión bien equilibrados y diversificados con riesgo bajo, otro con riesgo medio y otro con riesgo alto. Son tres modelos básicos para que puedas tener una idea por la que empezar.

Plan de inversión con riesgo bajo

1. **Objetivo:** preservación del capital y generación de ingresos estables.
2. **Horizonte de inversión:** 5-10 años (o más).
3. **Distribución de activos:**
   - Bonos del gobierno o corporativos de alta calidad: 60 %.
   - Acciones de empresas consolidadas con buen historial de dividendos: 20 %.
   - Fondos de mercado monetario o depósitos a plazo fijo: 10 %.
   - Bienes raíces (REIT): 5 %.
   - *Commodities* (como, por ejemplo, el oro, para protegerse contra la inflación): 5 %.

Plan de inversión con riesgo medio

1. **Objetivo:** crecimiento moderado del capital con una combinación de ingresos y apreciación del capital.
2. **Horizonte de inversión:** 10-20 años.
3. **Distribución de activos:**
   - Acciones de empresas consolidadas y emergentes: 50 %.
   - Bonos del gobierno o corporativos: 30 %.
   - Bienes raíces (inversión directa o REIT): 10 %.
   - Fondos mutuos que invierten en mercados internacionales: 5 %.
   - *Commodities*: 5 %.

Plan de inversión con riesgo alto

1. **Objetivo:** apreciación significativa del capital a largo plazo.
2. **Horizonte de inversión:** más de 20 años.
3. **Distribución de activos:**
   - Acciones de empresas de tecnología y *startups*: 60 %.
   - Fondos de inversión en mercados emergentes: 20 %.

- Bienes raíces (inversiones en proyectos de desarrollo): 10 %.
- *Commodities* (inversión en materias primas con alta volatilidad): 5 %.
- Criptomonedas u otras inversiones alternativas: 5 %.

Notas adicionales

- **Riesgo bajo:** en este plan, la mayoría de la cartera está invertida en bonos de alta calidad y acciones de empresas consolidadas que tienden a ofrecer rendimientos más estables y menores riesgos. Es ideal para individuos cercanos a la jubilación o aquellos que prefieren evitar grandes fluctuaciones en el valor de su cartera.
- **Riesgo medio:** es un plan que busca un equilibrio entre el crecimiento del capital y la preservación del mismo, con una combinación de activos que ofrece un buen potencial de rendimiento sin una exposición excesiva al riesgo. Será adecuado para individuos con un horizonte de inversión de mediano plazo y una tolerancia al riesgo moderada.
- **Riesgo alto:** este plan está diseñado para individuos que están dispuestos a asumir un mayor nivel de ries-

go a cambio de un mayor potencial de rendimiento. Se invierte una gran parte de la cartera en activos volátiles con un alto potencial de crecimiento. Se considera más adecuado para inversores jóvenes con un horizonte de inversión a largo plazo.

En cada uno de estos planes es crucial revisar y ajustar la cartera regularmente para asegurarse de que sigue alineada con los objetivos y el perfil de riesgo del inversor. Además, la diversificación sigue siendo una estrategia clave para mitigar los riesgos y mejorar las oportunidades de rendimiento en todos los niveles de riesgo.

Con todo, para que puedas escoger con más criterio, en el siguiente capítulo voy a profundizar en algunos tipos de inversión.

CAPÍTULO 5

DISTINTOS TIPOS DE INVERSIÓN EN DETALLE

En este capítulo, voy a acompañarte a través de una exploración detallada de distintas formas en las que puedes invertir tu dinero, cada una con su propio conjunto de ventajas y desafíos. Juntos, vamos a descubrir lo que hace especial a cada tipo de inversión, las oportunidades que pueden brindarte y, por supuesto, los riesgos que debes tener en cuenta. Pero no te preocupes, estaré aquí para guiarte en cada paso, asegurando que tengas toda la información que necesites para tomar decisiones informadas.

Además, he creado una guía paso a paso fácil de seguir que te llevará de la mano, ayudándote a entender cómo puedes empezar a invertir de una manera sencilla y sin complicaciones. Mi objetivo es que te sientas confiado y preparado para dar tus primeros pasos en este emocionante camino hacia la seguridad y prosperidad financiera.

> **«El mejor momento para empezar a invertir fue hace veinte años. El segundo mejor momento es ahora».**
>
> **Warren Buffett**

5.1. Invertir en un negocio

Esta es una ruta que no solo tiene el potencial de traerte beneficios financieros significativos, sino que también puede ser una fuente de realización personal y profesional. Pero ¿qué implica exactamente invertir en un negocio?

Invertir en un negocio puede tomar diversas formas. Podría significar usar tu capital para dar vida a una idea y crear una empresa desde cero, o tal vez asociarte con otros para cultivar una idea juntos. También puede involucrar comprar acciones en una empresa ya existente, convirtiéndote en parte integral de su trayectoria de crecimiento y éxito. Esta ruta te permite disfrutar de los beneficios generados por la empresa, ya sea a través de dividendos o de la apreciación del valor de tus acciones.

DEFINICIÓN

Una **pyme** es una «pequeña y mediana empresa». Este término se utiliza para describir a empresas que tienen un número limitado de empleados y una facturación o un balance general que no supera ciertos límites. La clasificación específica de lo que constituye una «pequeña» o «mediana» empresa puede variar dependiendo del país o de la organización que establece los criterios.

No obstante, si decides crear tu propia empresa, es vital tener en mente que este camino suele requerir una inversión inicial significativa. Aunque mencionamos un capital inicial de unos 3.000 euros, esta cifra puede variar enormemente dependiendo del tipo de negocio que tengas en mente. Además, es esencial que realices un estudio de mercado exhaustivo para comprender las demandas del sector y las oportunidades disponibles. Aquí, el conocimiento y la experiencia en tu campo elegido pueden ser tus mayores aliados, ayudándote a navegar a través de los retos iniciales y a identificar oportunidades valiosas cuando se presenten.

Por otro lado, si prefieres unir fuerzas con otros o invertir en una empresa ya establecida, tienes varias opciones. Puedes buscar oportunidades de asociación donde logres aportar tus habilidades y conocimientos únicos, o explorar el mercado de valores para encontrar empresas en las que te gustaría invertir. Al convertirte en accionista, tendrás la oportunidad de ser parte de la trayectoria de crecimiento de una empresa, beneficiándote a medida que la empresa crece y prospera.

Es fundamental mencionar que invertir en un negocio viene con su propia cuota de riesgos. Al ser una inversión de alto riesgo, será esencial estar preparado para enfrentar fluctuaciones y, a veces, pérdidas. Sin embargo, con una planificación cuidadosa, investigación detallada y una ejecución meticulosa, puedes minimizar estos riesgos y posicionar tu inversión para el éxito.

En España, además, emprender y abrir un negocio se percibe a menudo como una apuesta arriesgada, principalmente debido a la alta tasa impositiva actual. Los emprendedores se enfrentan a cargas fiscales significativas, lo que puede afectar tanto a la liquidez como a la rentabilidad de un negocio en sus primeros años críticos. Además, resulta vital estar al tanto de las fluctuaciones económicas y las regulaciones gubernamentales que pueden influir en el desempeño de tu empresa.

TIP

Algunas ideas interesantes para emprender

Es importante tener en cuenta que la rentabilidad de las pymes puede variar considerablemente de año a año y depende de un amplio abanico de factores. Sin embargo, aquí hay una lista de sectores en los que las pymes tienden a ser bastante lucrativas en España, según diversas estadísticas y estudios:

- **Tecnología y software:** las empresas que desarrollan software, aplicaciones móviles y ofrecen servicios relacionados con la tecnología suelen tener altos márgenes de beneficio.
- **Energías renovables:** las empresas que se centran en soluciones de energía verde están viendo un crecimiento significativo, especialmente con el impulso hacia una economía más sostenible.
- **Comercio electrónico:** las pymes que operan en el espacio de comercio electrónico han estado prosperando, particularmente durante y después de la pandemia COVID-19.
- **Salud y bienestar:** las empresas que ofrecen productos y servicios en el sector de la salud y el bienestar, incluyendo farmacéuticas y clínicas especializadas, suelen ser lucrativas.

- **Alimentación y bebidas:** las empresas que se especializan en alimentos y bebidas de alta calidad, especialmente productos orgánicos y artesanales, tienen una buena demanda.

- **Turismo de experiencia:** aunque el sector turístico ha sufrido durante la pandemia, las empresas que ofrecen experiencias únicas y personalizadas están empezando a ver una recuperación positiva.

- **Consultoría y servicios profesionales:** las empresas que ofrecen servicios especializados en áreas como la gestión, finanzas y marketing suelen tener márgenes de beneficio saludables.

- **Industria inmobiliaria:** las empresas que se dedican a la promoción y gestión inmobiliaria, así como a la renovación de propiedades, han estado viendo un buen rendimiento.

- **Agricultura tecnológica (Agtech):** las pymes que integran la tecnología en la agricultura están experimentando un crecimiento significativo debido a la creciente demanda de soluciones agrícolas sostenibles.

- **Logística y transporte:** las empresas que ofrecen soluciones logísticas y de transporte eficientes están disfrutando de una demanda creciente, especialmente con el auge del comercio electrónico.

Por mi parte, yo me adentré en el mundo de los negocios por primera vez con la tienda de *dropshipping* que mencioné en la introducción del libro. El negocio en esta tienda consistía en comprar relojes al por menor para luego hacer de intermediario y venderlos a los compradores, que hacían la compra desde mi página web. Cada vez que entraba una compra, yo compraba el producto al distribuidor y el distribuidor enviaba el producto directamente al comprador. Como ya he explicado, con esta tienda online solo logré hacer una venta. Fue un fracaso y, por consiguiente, procedí a su cierre.

Más tarde, abrí una tienda nicho, que se trata de una tienda enfocada en un sector específico. En mi caso, la tienda que abrí comercializaba productos similares a los que vende la marca Apple. Vendía auriculares y relojes muy parecidos a los AirPods y a los AppleWatch. Un reloj tipo AppleWatch me costaba unos 10 euros, y yo lo vendía por unos 45 euros en mi página web. A veces, ofrecía packs en los que se vendían el reloj y los auriculares, obviamente con un precio de oferta. Con esta tienda tuve algo más de suerte y, a las pocas horas de abrirla, ya contaba con varias compras. Los packs de oferta funcionaron muy bien.

Esta tienda la abrí con un socio, un amigo mío. Como recomendación, es preferible hacer negocios por cuenta de uno, a no ser que, en caso de tener uno o más socios, cada persona esté especializada en un aspecto importante del negocio. En nuestro caso, yo me encargaba de exportar los productos y mi socio se encargaba de crear la tienda. Una vez hecha, pasó a encargarse de las políticas de devolución, reembolso, etc. Yo, mientras tanto, también hacía campañas de promoción en redes sociales y otras tareas de índole similar.

El tercer negocio es el que gestiono actualmente, que ha sido y es todo lo que engloba la creación de contenido en redes sociales. Aunque no lo parezca, detrás de los vídeos que comparto en internet hay todo un negocio y distintas fuentes de ingreso que a simple vista no se ven. Aparte de estas fuentes de ingreso como son el marketing de afiliados, las campañas de publicidad, la monetización de redes sociales o la venta de infoproductos (que no tengo ninguno), existe otro montón de fuentes de ingresos que uno mismo puede elaborar a partir de las redes sociales.

EL CONOCIMIENTO ES PODER

La venta de infoproductos, una práctica cada vez más popular en la era digital, implica la comercialización de productos de información digitalizados. Estos productos, generalmente centrados en educar o informar al consumidor sobre un tema específico, pueden tomar varias formas, incluyendo:

- **E-books:** libros digitales que pueden cubrir una amplia gama de temas, desde guías de autoayuda hasta manuales técnicos.
- **Cursos en línea:** programas educativos que se realizan de manera virtual, permitiendo a los estudiantes aprender a su propio ritmo.
- **Webinars:** seminarios web que pueden ser en vivo o pregrabados, a menudo centrados en temas especializados.
- **Pódcast:** series de episodios de audio que abordan diversos temas, a menudo presentados en un formato de entrevista o narrativo.
- **Vídeos tutoriales:** vídeos instructivos que proporcionan lecciones visuales sobre una variedad de temas.
- **Plantillas y herramientas:** recursos como plantillas de documentos, hojas de cálculo o software que ayudan a los usuarios a realizar tareas específicas más eficientemente.
- **Informes y estudios de investigación:** documentos que contienen análisis detallados o resultados de investigaciones sobre temas específicos.

Los infoproductos son generalmente creados por expertos en el campo relevante y son valorados por su capacidad para proporcionar información de alta calidad de una manera accesible y conveniente. Su venta se ha convertido en una forma lucrativa de negocio para muchos emprendedores y empresas, ya que estos productos pueden ser creados una vez y luego vendidos a un número ilimitado de clientes sin incurrir en costos adicionales significativos.

La comercialización efectiva de infoproductos generalmente implica el uso de estrategias de marketing digital, incluyendo SEO, marketing de contenido y publicidad en línea, para llegar a un público amplio y fomentar las ventas.

Cuando hablo de la creación de contenido como negocio no me refiero solo a estas fuentes de ingreso. Detrás de mis cuentas hay todo un equipo que se encarga de hacer posible ese contenido que se publica día tras día en redes sociales. Existe una persona encargada de la edición de los vídeos que comparto en TikTok y en YouTube, también una agencia que se encarga de gestionar las campañas de publicidad y una gestoría que se dedica a toda la documentación y los asuntos legales, y otra persona contratada para elaborar las miniaturas para los vídeos.

Nuestro objetivo a la hora de abrir o crear un negocio debe ser hacer menos, pero ganar más, es decir, delegar en las tareas que puede hacer otra persona por ti. En esta vida, prácticamente todo es delegable. Tienes que hacerte prescindible. En mi caso, tengo que asegurarme de que el rol de BaiJavier no sea una pieza fundamental del equipo porque, si lo es, siempre va a depender todo el mundo de esa figura, de ese rol. Sí que es cierto que, cuando eres un personaje público y te conviertes en tu propia marca personal, siempre habrá ciertas cosas que van a depender de ti irremediablemente. Eres la imagen de ese perfil y no puedes esconderte. Pero, por ejemplo, si hablamos de una empresa que no está centrada en tu persona, es muy fácil delegar todas las tareas del negocio.

«Nuestro objetivo a la hora de abrir o crear un negocio debe ser hacer menos, pero ganar más».

Debes intentar delegar el trabajo poco a poco. Con el tiempo que ganes al pasar las tareas a manos de otros, podrás invertir en algo nuevo que te pueda proporcionar nuevos beneficios para la empresa. Se trata de verlo como una rueda; tienes que ir reinvirtiendo y reinvirtiendo para que, cada vez, la bola de nieve que te proporciona beneficios se vaya haciendo más grande.

Quiero recordarte que todo requiere esfuerzo, y que muchos de nosotros empezamos desde abajo. Cuando yo empecé a crear contenido para las redes sociales estaba trabajando a tiempo completo (ocho horas) como albañil. Me ponía a grabar vídeos cuando llegaba a casa por las tardes y editaba durante los fines de semana. Por aquel entonces no tenía quien me editara los vídeos y, cuando contraté a un editor, mi canal de YouTube ni siquiera estaba monetizado. El dinero que pagaba por el trabajo de edición era dinero sacado de mi bolsillo, el que me proporcionaba mi empleo, por lo que para mí eran todo pérdidas. Durante medio año, hasta que el canal de YouTube no creció lo suficiente, no empecé a ver los primeros ingresos, y aunque empezara a ver algo de dinero, tampoco fue lo suficiente para empezar a vivir con libertad. Lo que ganaba me permitía cubrir los gastos del editor y poco más.

Ahora, años después, ya cuento con un margen de beneficio elevado. Pero hasta aquí solo he llegado invirtiendo dinero y tiempo, esforzándome, confiando y, sobre todo, perseverando. Hay que tener paciencia. Hay que tener las metas claras. A medio o largo plazo, verás los resultados.

5.2. Invertir en bolsa

En esencia, invertir en bolsa consiste en comprar y vender acciones de una empresa que cotiza como tal en bolsa. De esta forma, los inversores podemos comprar acciones con el objetivo de esperar que ese activo, esa acción, aumente con el paso del tiempo y así poder obtener una ganancia en caso de venderla.

La inversión en bolsa puede ser tanto a corto como a largo plazo, y requiere investigar y analizar la acción de la compañía que vamos a comprar para ver si va a tener un buen desempeño a corto o largo plazo, dependiendo del *timeframe* en el que estemos operando o analizando el mercado.

DEFINICIÓN

En el ámbito bursátil, el *timeframe* o **marco de tiempo** se refiere al periodo de tiempo seleccionado para analizar o visualizar los movimientos de precio de un activo financiero, como una acción, un par de divisas o un índice bursátil.

Dentro del grupo de las inversiones en bolsa encontramos las acciones, un tipo de activo específico. Cuando vayas a invertir en una acción, te recomiendo que busques un bróker que esté regulado, que cumpla con las leyes del país en el cual está operando y que ofrezca unas buenas condiciones de compra, venta y gestión de la cuenta desde la cual vas a realizar el proceso de inversión.

Un bróker es simplemente una persona o institución que organiza las transacciones entre un comprador y un vendedor en ciertos sectores a cambio de una comisión. En realidad, hay diversos tipos de brókers en los mercados financieros, cada uno adaptado a diferentes estilos de negociación e inversión. Aquí hay una descripción general de los más comunes:

1. **Bróker de acciones:** especializado en la compra y venta de acciones o valores de empresas cotizadas en la bolsa. Pueden ofrecer acceso a varias bolsas de valores a nivel mundial.

2. **Bróker de divisas (Forex):** facilita la negociación de pares de divisas, permitiendo a los *traders* comprar una divisa mientras venden otra, especulando sobre las fluctuaciones en las tasas de cambio.

3. **Bróker de materias primas:** estos brókers permiten la negociación de materias primas como oro, plata, petróleo, entre otros, generalmente a través

de contratos por diferencias (CFD) o contratos de futuros.

4. **Bróker de opciones:** se especializa en ofrecer operaciones con opciones, que son contratos que otorgan el derecho, pero no la obligación, de comprar o vender un activo a un precio determinado en una fecha futura.

5. **Bróker de bonos:** centrado en la negociación de bonos, que son instrumentos de deuda emitidos por gobiernos o empresas para recaudar capital.

6. **Bróker de futuros:** este tipo de brókers ofrece la posibilidad de negociar contratos de futuros, que son acuerdos legales para comprar o vender un activo en una fecha futura a un precio preestablecido.

7. **Bróker online o discount bróker:** es un bróker que ofrece una plataforma online para negociar una amplia variedad de instrumentos financieros, generalmente con comisiones más bajas que los brókers tradicionales.

8. **Bróker de servicio completo:** a diferencia de los brókers de descuento, estos brókers ofrecen una gama más amplia de servicios, incluyendo asesoramiento financiero, investigación de mercado y gestión de inversiones, aunque a menudo a un costo más alto.

9. **Bróker ECN (Electronic Communication Network):** este tipo de bróker facilita la negociación directa entre compradores y vendedores, sin pasar por una mesa de operaciones, lo que puede reducir los costos y las posibilidades de manipulación de precios.

CURIOSIDAD

El término «**bróker**» tiene sus raíces en el antiguo vocablo francés *broceur*, que se traduce como «pequeño comerciante». Aunque su origen exacto no está claramente definido, es probable que provenga de la antigua palabra francesa *brocheor*, usada para describir a un vendedor minorista de vinos. Esta, a su vez, podría derivarse del verbo *brochier*, que significa «abrir (un barril)».

Yo cuento con algunas acciones. Principalmente invierto en fondos indexados, que viene a ser como invertir en una cesta que te beneficia, pues, al invertir en muchas acciones en lugar de una, si una de las acciones cae, no se irá a pique todo tu capital invertido, solo la parte que corresponde a esa acción.

El fondo indexado en el que yo invierto es el SP500, un fondo que está compuesto por las 500 empresas más importantes de Estados Unidos. Invirtiendo en un fondo como este tengo una cartera diversificada y no he de analizar empresa por empresa para ver qué acciones voy a comprar, sino que estoy comprando todo un grupo de acciones y, de esta forma, minimizando el riesgo de la inversión. Si una cae, hay aún muchas otras que me mantienen a flote.

Para toda la gente que está empezando a invertir, yo sin duda recomiendo este tipo de fondos. Los fondos indexados son la mejor opción, y, en caso de que no haya fondos indexados disponibles en el país desde el que estás invirtiendo, también existen los ETF, una variante muy parecida.

Mi inversión en el SP500 es de 150 euros cada mes. Hice cálculos en referencia al interés compuesto con una calculadora específica para este tipo de operaciones y fijé una cantidad. El SP500 ofrece una rentabilidad promedio anual del 8 %.

Empecé con un capital de 1.000 euros, y mi visión es a cincuenta años, para que, cuando me llegue la hora de la jubilación, en caso de no tener acceso a una pensión, pueda recurrir a mi propio sistema de pensiones. Invirtiendo 150 euros cada mes, la cantidad invertida va aumentando de forma exponencial, y mis cálculos me indican que, para cuando tenga que jubilarme a los setenta años, aproximadamente, dispondré de un millón de euros.

En conclusión, estoy utilizando una estrategia financiera prudente y a largo plazo para prepararme para la jubilación, aprovechando el poder del interés compuesto y los rendimientos históricos del SP500 para construir un «nido de huevos» significativo para mi futuro. Parece magia, sobre todo porque nuestro cerebro no es muy hábil a la hora de hacer los cálculos sobre el poder del interés compuesto, pero es así como funciona.

Y es que la principal característica del interés compuesto es que no solo genera rendimientos sobre el capital inicial, sino que también produce rendimientos sobre los rendimientos ya generados en periodos anteriores. Esto crea un «efecto bola de nieve». A medida que pasa el tiempo, la velocidad a la que crece tu inversión se acelera, lo que significa que, cuanto más tiempo permites que tu inversión crezca, más pronunciado se vuelve el efecto del interés compuesto.

EL CONOCIMIENTO ES PODER

El **SP500** (o Standard & Poor's 500) es un índice bursátil que agrupa las 500 empresas más grandes y representativas que cotizan en las bolsas de valores de

Estados Unidos, específicamente en la Bolsa de Nueva York (NYSE) o en el NASDAQ. El índice es uno de los indicadores más utilizados para entender el desempeño del mercado de valores estadounidense.

Voy a desglosar más detalles de una manera sencilla:

- **Selección de empresas:** las quinientas empresas que conforman este índice son seleccionadas por un comité que toma en cuenta varios factores, como el tamaño de la empresa, su liquidez y su sector económico, entre otros aspectos.
- **Capitalización bursátil ponderada:** el valor del SP500 se calcula usando una metodología de ponderación por capitalización de mercado. Esto significa que las empresas con una mayor capitalización de mercado (el precio de una acción individual multiplicado por el número total de acciones) tendrán un mayor impacto en el valor del índice.
- **Indicador del mercado:** este índice es muy utilizado para tener una idea del estado general de la economía de EE. UU., porque agrupa a empresas muy grandes y significativas que representan diversos sectores de la economía (tecnología, salud, consumo, finanzas, etc.).
- **Inversión:** muchos fondos de inversión y fondos cotizados en bolsa (ETF) replican el desempeño del SP500, lo que permite a los inversores tener

una exposición diversificada a estas 500 empresas comprando un único instrumento financiero.

- **Rendimiento a largo plazo:** históricamente, el SP500 ha demostrado proporcionar un rendimiento positivo a largo plazo, aunque con fluctuaciones a corto plazo. Esto lo ha hecho popular como una inversión para aquellos que buscan crecimiento a largo plazo.

En resumen, el SP500 es una herramienta tanto para medir el estado del mercado de valores de EE. UU. como una opción popular para la inversión diversificada.

5.3. Inversión en bienes raíces

La inversión en bienes raíces hace referencia a comprar propiedades, casas, apartamentos, edificios comerciales, terrenos, etc., con el objetivo de obtener un rendimiento económico a través del alquiler, la revalorización del activo, o ambos como tal.

Este tipo de inversión es una que personalmente me gusta mucho, aunque me considero un principiante. Yo empecé a invertir en bienes raíces en 2020, que fue cuando compré mi primera propiedad: un local comercial de 70 metros cuadrados. El año anterior acababa de leer el libro *Padre rico, padre pobre*, del que ya te he hablado, y fue entonces cuando, al tener una pequeña cantidad ahorrada, decidí invertir en un inmueble que hoy ya está pagado en su totalidad y me está generando unos ingresos pasivos mensuales de forma constante. Con ese pequeño desembolso inicial ahora tengo unos ingresos que son de por vida.

DEFINICIÓN

Los **ingresos pasivos** son ingresos que generamos de forma recurrente, de forma mensual, sin requerimiento de nuestra presencia. No requiere esfuerzo por tu parte, solo la inversión inicial.

Dicha propiedad la compré por 50.000 euros. Entregué el 25 % como entrada y pagué el resto con la financiación del dueño a tres años. Llegamos a un acuerdo para que pudiera pagar el inmueble mes a mes sin intereses de por medio y para que a los tres años tuviera el total de la propiedad liquidado. La propiedad la compré por debajo del precio de mercado, que por aquel entonces estaba a un precio aproximado de 60.000 euros, y que actualmente está a unos 65.000 euros. Es decir, que por la revaloración he tenido unas ganancias de unos 15.000 euros.

Hay varios tipos de operaciones inmobiliarias, como serían comprar, reformar y vender o comprar para alquilar. A la hora de invertir en bienes raíces, como en cualquier otro tipo de inversión, hacerlo dependerá de los objetivos financieros de cada persona y de los rendimientos que quieras conseguir. Obviamente, uno te proporcionará más capital a corto plazo y otros lo harán a largo plazo. Dependerá del nivel de riesgo que quiera asumir cada persona.

A continuación, te dejo una lista estratégica con los pasos a seguir y algunas explicaciones sobre cómo comprar un inmueble.

- **Paso 1:** pedir prestados 40.000 euros a alguien que pueda facilitártelos, ya sea un familiar o un conocido, con la condición de que devuelvas ese dinero con un interés del 5, 6 o incluso del 7 %. De esta manera, la persona que presta el dinero estará satisfecha con la idea y la intención de que el dinero se destine a comprar un inmueble.
- **Paso 2:** adquirir el inmueble al contado. Una vez que sea tuyo, lo tienes que reformar y dejarlo bonito. Entonces, procedes a hacer la tasación correspondiente.
- **Paso 3:** un inmueble así será tasado en 50.000, 60.000 o 70.000 euros.

- **Paso 4:** con esa tasación, el banco ya no te va a poner la clásica pega que especifica que solo pueden facilitarte el 80 % del valor de la compraventa.

- **Paso 5:** comprar un piso barato de unos 50.000 euros y luego hipotecarlo. ¿Por qué luego? Porque la hipoteca puede ir del 100 % al 110 %, de forma que, si te costó 30.000 euros o 40.000 euros y el inmueble es de tu propiedad, ya no vale eso. Vale más. Entre 50.000 y 60.000 euros tras la reforma.

- **Paso 6:** el banco te puede dar los 50.000 euros. Recuperas los 40.000 que te prestó un familiar o amigo. Los devuelves. Te quedan 20.000 euros para seguir comprando más inmuebles. No importa que ahora tengas una hipoteca. Juan está alquilando los pisos en Sevilla a 800 euros. Una hipoteca de 30.000-40.000 euros te va a costar 100-130 euros/mes, con lo que te queda un *cashflow* de 700 euros.

- **Paso 7:** ¿cómo vas a hacer un *cashflow* de 700 euros con una hipoteca con un piso en Madrid o en Barcelona? Eso no nos interesa. Hay poblaciones alrededor de las grandes ciudades que tienen pisos de 30.000, 40.000 o 50.000 euros y que, con esta estrategia, cualquier persona con un contrato indefinido puede adquirir. Es importante que siempre te sobre un *cashflow* de 250-300 euros después de pagarlo todo. Recibos de contribución, gastos de comunidad, etc. Así es como tienes una máquina de hacer billetes totalmente automatizada.

Para comprar propiedades para alquilar casi siempre se tiende a pedir una hipoteca. Para solicitarla, lo más favorable será realizar un análisis a través de un comparador de hipotecas, que realizará una comparativa según tus condiciones, tipo de contrato y demás, para ofrecerte la mejor opción. Lo normal es que te adjudiquen una hipoteca del 70-30 o del 80-20, es decir, que tú tienes que poner el 20 % o el 30 % del capital de entrada y ellos te financian el resto (depende de la entidad y de la situación del mercado).

El acto de invertir en propiedades a través de un financiamiento hipotecario requiere una planificación cuidadosa, tanto en términos de los plazos establecidos como de las cantidades desembolsadas mensualmente. Consideremos, por ejemplo, la estrategia de obtener una hipoteca con una duración máxima de treinta años, estableciendo las cuotas mensuales en un monto mínimo de 200 euros.

Esta táctica puede volverse particularmente rentable si decides alquilar la propiedad adquirida. Imagina que logras rentarla en una cantidad que oscila entre los 400 y 500 euros mensuales. Esto te dejaría con un excedente mensual de 200 euros, que podrías reservar y acumular para futuras inversiones inmobiliarias, si ese es el camino que deseas seguir en tus estrategias de inversión.

> **«El acto de invertir en propiedades a través de un financiamiento hipotecario requiere una planificación cuidadosa, tanto en términos de los plazos establecidos como de las cantidades desembolsadas mensualmente».**

Adentrándonos más en esta estrategia, podemos apreciar que, a través de la reinversión de estos ingresos netos mensuales, estás en realidad estableciendo una robusta cartera de propiedades que no solo se autofinancian, sino que generan un flujo constante de ingresos suplementarios. Este ingreso adicional, a su vez, puede ser mucho mayor que el interés que estás pagando al banco por el préstamo hipotecario, evidenciando así una gestión financiera inteligente.

De este modo, no estás utilizando tu capital personal directamente para expandir tu cartera inmobiliaria. Más bien, estarás empleando los recursos financieros proporcionados por el banco para incrementar tu riqueza. Este enfoque permite una amplificación de tus activos y una optimización de los recursos monetarios disponibles, facilitando así la acumulación de riqueza a largo plazo a través de inversiones inmobiliarias inteligentes.

Por otro lado, una opción muy interesante es comprar propiedades que han sido embargadas por los bancos. Los bancos tienen portales inmobiliarios en los cuales puedes ver las propiedades como las verías en cualquier página web de pisos y casas. Esas propiedades expuestas se ofrecen por un 20 % o un 30 % por debajo del valor del mercado, ya que los propietarios iniciales han contraído deudas y no han podido pagarlas.

Las entidades bancarias, por lo general, están más interesadas en recuperar la cantidad adeudada que en obtener una ganancia significativa de la venta de estas propiedades. Por lo tanto, están dispuestas a ofertarlas a precios más accesibles para facilitar una venta rápida. Esto puede presentar una excelente oportunidad de inversión para aquellos que tienen el capital disponible y están listos para actuar rápidamente.

Además, los bancos han facilitado el proceso de visualización y adquisición de estas propiedades a través de la creación de portales inmobiliarios online. Estas plataformas funcionan de manera similar a cualquier otro sitio web de bienes raíces, permitiendo a los posibles compradores explorar una variedad de opciones desde la comodidad de su hogar. Las propiedades disponibles están bien documentadas con descripciones detalladas, fotografías y, a veces, *tours* virtuales, proporcionando así una comprensión integral del estado y las características del inmueble.

TIP

Cuidado con las propiedades embargadas

Es esencial llevar a cabo una investigación exhaustiva antes de invertir en una propiedad embargada. En algunos casos, estas propiedades podrían requerir renovaciones sustanciales o reparaciones antes de que puedan ser habitadas o alquiladas. Además, puede ser recomendable buscar el asesoramiento de un experto legal para navegar por cualquier complicación potencial asociada con la adquisición de una propiedad embargada.

Además de las propiedades inmobiliarias, también invierto en *crowdfunding* inmobiliario. De hecho, la mayor parte de mi portafolio inmobiliario, aparte de en la propiedad, está en *crowdfunding*.

El *crowdfunding* hace referencia a un grupo de personas que invierten en un mismo proyecto inmobiliario. Por ejemplo, digamos que quieren hacer un edificio que cuesta un millón de euros. Cada una de estas personas deposita una cantidad a cambio de una rentabilidad anual, que normalmente suele ser de entre el 8 % y el 11 %.

Es una buena opción de inversión porque te permite invertir con una cantidad pequeñísima de 10-20 euros, por lo que no hay necesidad de recurrir a un desembolso tan grande como sería la compra de una propiedad. En algunos casos, invertir en *crowdfunding* puede llegar a generar una rentabilidad neta mejor que la que genera una propiedad en la que has invertido por tu cuenta. Esta inversión suele ser a largo plazo y nos permite generar ingresos pasivos además de diversificar la cartera de inversión.

EL CONOCIMIENTO ES PODER |

El *crowdlending* inmobiliario y el *crowdfunding* inmobiliario son conceptos que a menudo se utilizan de manera intercambiable, ya que ambos son formas de financiamiento colectivo para proyectos inmobiliarios. Sin embargo, pueden existir diferencias sutiles entre ambos en términos de estructura y participación. Vamos a analizar cada una para entender mejor estas diferencias:

Crowdlending inmobiliario

1. **Modelo de préstamo:** en el *crowdlending*, los inversores actúan como prestamistas, proporcionando préstamos a los promotores inmobiliarios. A cambio, los inversores reciben pagos de intereses periódicos durante la duración del préstamo, y luego reciben el capital principal de vuelta al final del préstamo.

2. **Retorno fijo:** los inversores en un esquema de *crowdlending* generalmente esperan un retorno fijo en su inversión, establecido por la tasa de interés del préstamo.

3. **Riesgo de *default*:** existe un riesgo de *default* si el promotor no puede pagar el préstamo. En tal caso, los inversores podrían perder una parte o la totalidad de su inversión.

Crowdfunding inmobiliario

1. **Modelo de equidad o participación:** el *crowdfunding* inmobiliario a menudo implica que los inversores compren una participación o una parte de la propiedad en sí, en lugar de proporcionar un préstamo. Esto significa que se convierten en copropietarios del proyecto y su retorno está ligado al éxito económico del proyecto.

2. **Retorno variable:** en un modelo de *crowdfunding* de equidad, los retornos pueden ser variables, dependiendo del desempeño financiero del proyec-

to. Los inversores pueden beneficiarse de la apreciación del valor de la propiedad y de los ingresos generados por la propiedad (como el alquiler).

3. **Participación en la gestión:** dependiendo de la estructura del acuerdo, los inversores en *crowdfunding* pueden tener algún grado de influencia o control sobre la gestión del proyecto, especialmente si poseen una gran parte de la propiedad.

Similitudes

1. **Financiamiento colectivo:** ambos modelos dependen del financiamiento colectivo, permitiendo que múltiples inversores financien un proyecto juntos, compartiendo así el riesgo y el retorno potencial.

2. **Plataformas online:** tanto el *crowdlending* como el *crowdfunding* inmobiliario suelen facilitarse a través de plataformas en línea que conectan a los promotores con una red de inversores.

3. **Acceso a oportunidades de inversión inmobiliaria:** ambos modelos brindan a los inversores individuales la oportunidad de participar en inversiones inmobiliarias que de otro modo podrían estar fuera de su alcance.

En resumen, aunque ambos términos describen formas de financiamiento colectivo en el sector inmobiliario, la principal diferencia radica en la naturaleza de la inversión: el *crowdlending* es un préstamo con un retorno fijo, mientras que el *crowdfunding* puede implicar una participación en la propiedad con un retorno potencialmente variable.

5.4. Inversión en criptomonedas

La inversión en criptomonedas se lleva a cabo con la esperanza de que, a largo o corto plazo, dependiendo del horizonte temporal de cada persona, este tipo de monedas se revaloricen.

Estas monedas son de alto riesgo, ya que tienen bastante volatilidad, es decir, que el precio presenta grandes fluctuaciones: sube y baja mucho en cortos intervalos de tiempo.

El mercado de las criptomonedas es relativamente nuevo y le faltan muchas regulaciones. Invertir en criptomonedas requiere una comprensión bastante avanzada de su mercado. Para una persona que esté iniciándose en el mundo de la inversión, no es recomendable lanzarse al campo de las criptomonedas, aunque, si quieres formarte, es un mercado con mucha proyección.

Para invertir en criptomonedas, en lugar de hacerlo desde un bróker como sería invertir en bolsa, en este caso lo haríamos desde un *Exchange*, una plataforma que nos permite comprar y vender criptomonedas.

Una vez que tengamos criptomonedas, hay más formas de generar dinero gracias a esas monedas adquiridas, como sería hacer *staking*, *yield farming*, o incluso depositar esas monedas en una cuenta de ahorro la cual nos genere unos intereses mensuales o anuales: tú depositas tu dinero en una cuenta y, a su vez, esa institución te recompensa con unos intereses que te van generando la inversión aparte de la revalorización de la moneda. Voy a explicarte con más detalle estas estrategias, así como sus beneficios y los aspectos que hay que tener en cuenta.

El *staking* es una práctica en la que mantienes una cantidad determinada de criptomonedas en una cartera digital para soportar las operaciones de una red *blockchain*. En este sistema, básicamente estás ayudando a mantener la red y, a cambio, recibes recompensas en forma de más unidades de la criptomoneda. Este es un método particularmente popular en las redes que usan un mecanismo de consenso de prueba de participación (Proof of Stake-PoS) o una de sus variantes.

Beneficios

- **Ingresos pasivos:** genera ingresos pasivos a través de recompensas regulares.
- **Apoyo a la red:** se contribuye a la seguridad y estabilidad de la red *blockchain*.

Consideraciones

- **Periodo de bloqueo:** algunas redes requieren que las criptomonedas estén bloqueadas por un periodo de tiempo determinado.
- **Volatilidad del mercado:** las recompensas están sujetas a la volatilidad del mercado de criptomonedas.

EL CONOCIMIENTO ES PODER

El *blockchain*, o cadena de bloques, es una tecnología que funciona como un libro de registros digital, descentralizado y a prueba de manipulaciones. Aquí te explico algunos de sus aspectos clave de una manera sencilla:

Como su nombre indica, se compone de una serie de «bloques» que están enlazados o «encadenados» en una secuencia específica. Cada bloque contiene un listado de transacciones que han sido verificadas y selladas en esa red.

Una de las características más destacadas del *blockchain* es que está descentralizado. Esto significa que no está controlado por una única entidad o institución, sino que se distribuye en una red de múltiples nodos (ordenadores individuales), cada uno de los cuales mantiene una copia del *blockchain*.

Cada bloque en la cadena contiene una serie de transacciones junto con una referencia criptográfica al bloque anterior. Esta conexión criptográfica hace que alterar o manipular la información en un bloque anterior sea extremadamente difícil, proporcionando una considerable seguridad y transparencia a la red.

El *yield farming*, también conocido como *liquidity mining*, es una forma más avanzada de ganar rendimientos, donde los usuarios prestan sus activos a otros a través de contratos inteligentes y a cambio reciben intereses. Esto puede implicar una serie de estrategias complejas que buscan maximizar el rendimiento a través de la interacción con varios protocolos DeFi (Finanzas Descentralizadas).

Beneficios

- **Altos rendimientos potenciales:** en algunos casos, puede ofrecer rendimientos considerablemente altos.
- **Innovación financiera:** acceso a productos financieros novedosos y complejos.

Consideraciones

- **Riesgo de contrato inteligente:** vulnerable a fallos o *exploits* en los contratos inteligentes.
- **Complejidad:** puede involucrar estrategias complejas y productos financieros complicados.

Las cuentas de ahorro de criptomonedas operan de manera similar a las cuentas de ahorro bancarias tradicionales, pero ofrecen intereses sobre los depósitos de criptomonedas. Estos intereses pueden generarse a través de varias formas, incluyendo préstamos a otros usuarios o instituciones.

Beneficios

- **Intereses compuestos:** posibilidad de ganar intereses compuestos sobre tus activos digitales.
- **Facilidad de uso:** generalmente son más fáciles de usar en comparación con otras estrategias de inversión de criptomonedas.

Consideraciones

- **Riesgo de incumplimiento:** dependen de la solvencia de la institución o plataforma que ofrece la cuenta.
- **Tasas de interés fluctuantes:** las tasas de interés pueden fluctuar con el tiempo.

Es muy importante tener en cuenta que no se recomienda tener las criptomonedas almacenadas en un *exchange*. Estas plataformas son para comprar y vender, no para almacenar. Hay un dicho en el mundo de las criptomonedas que en inglés dice: *Not your case, not your coins*, que viene a significar que, si no tienes las claves, no son tus monedas. Esto se refiere a que realmente esos activos (las criptomonedas), aunque estén en tu cuenta, pertenecen al *exchange*.

Por esta razón existen las billeteras frías, que son dispositivos descentralizados donde puedes almacenar tus criptomonedas y dependen solo de ti. Son parecidos a un USB, un lápiz de memoria. Las más conocidas son Trezor y Ledger. La cuenta se crea a través de un programa que te descargas en tu ordenador y ellos te dan unas claves que suelen ser las famosas veinticuatro palabras. Para acceder a la cuenta tienes que escribir esas veinticuatro palabras. Si se te olvidan y pierdes el acceso a tu cuenta, perderás las criptomonedas y no podrás reclamar a nadie. Lo positivo es que eres el único con control sobre las criptomonedas, todo depende de ti.

También existen las billeteras descentralizadas, parecidas a las de los *exchange*, pero, a diferencia de estos, no tienen a nadie detrás y te pertenecen a ti en lugar de al *exchange*, y en este caso no necesitas una billetera fría, que son los dispositivos mencionados en las líneas anteriores.

Para terminar esta sección, por si te sirve como inspiración, voy a narrarte mi experiencia con la inversión en criptomonedas.

Yo empecé a invertir en criptomonedas hace cuatro o cinco años, cuando bitcoin rondaba los 5.000 euros. Inicié mi inversión principalmente en bitcoin y en ethereum. Más adelante, invertí en otras que no eran las principales. Algunas de esas criptomonedas no tan conocidas han tenido retornos muy superiores a las clásicas, lo que, por consiguiente, al tener un retorno más alto, implica también un mayor riesgo. Al invertir en bitcoin o ethereum, lo estás haciendo en «el lado seguro» del mercado. Por estas razones, tienes que medir tu riesgo y diversificar. Sobre todo, céntrate en destinar la mayor parte a algo más seguro, y el resto, lo que te puedas permitir perder, inviértelo de una manera más arriesgada, por ejemplo, en las *altcoins*.

DEFINICIÓN

Altcoin es un término que procede del inglés, *alternative coin* (moneda alternativa). Las *altcoins* son el resto de las monedas que se encuentran fuera del círculo de las populares, como bitcoin y ethereum.

Yo compré Chainlink, Polygon (MATIC). Recuerdo que con Chainlink tuve un retorno del 2.000 %.

Ese dinero lo tenía repartido en varias plataformas que te generaban unos intereses mensuales. Al ser criptomonedas, las rentabilidades eran muy altas. En algunos casos, como por ejemplo bitcoin, la rentabilidad anual era de un 8 %, por lo que dirás: «No es mucho». Pero ese 8 % era prácticamente por no hacer nada, solo por tener tu dinero ahí. Lo que he aprendido de esta experiencia es que, cuanto más alta sea la rentabilidad que te ofrecen, más alta ha de ser tu desconfianza. Nadie ofrece nada a cambio de nada. Cuando todo sube, las rentabilidades en esas plataformas lo hacen también.

El problema llega cuando todo baja. Y bajó. Prácticamente el 80 % de mi portafolio de criptomonedas lo tenía en este tipo de plataformas, y cuando llegó la debacle de bitcoin, en la última caída, muchas plataformas importantes cayeron.

Las principales plataformas que pagaban intereses, incluso algunos *exchange*, quebraron. Una de ellas fue Celsius Network, donde yo tenía la mayor parte de mi portafolio, que por aquel entonces era la que te pagaba más intereses. Ahora mismo, creo que Celsius Network se encuentra en medio de un proceso judicial debido a esta situación. La cantidad máxima que llegué a tener en la plataforma rondaba los 40.000 euros. Obviamente, eso fue cuando bitcoin estaba en su máximo. Cuando cayó, bajó la inversión, por consiguiente. Lo que yo invertí sigue ahí, pero no puede ser retirado porque la plataforma no tiene liquidez. Si todo el mundo decidiera retirar su dinero ahora mismo, no habría dinero suficiente, así que la única esperanza, si es que la hay (porque yo ya doy por perdido ese dinero), es que bitcoin vuelva a subir, haciendo que esas plataformas vuelvan a tener liquidez.

Es cierto que, como esto sucedió hace ya un par de años, algunas plataformas han recibido inversión externa y se están recuperando, aunque lentamente. Algunas están incluso volviendo a reanudar los retiros.

La paradoja de esta experiencia es que inviertas aquello que estés dispuesto a perder. ¿Duele perder lo que un día fueron 40.000 euros? Sí, por supuesto que duele. Pero el dinero no me hacía falta. Desde el principio sabía el riesgo que corría, aunque, como a todos, no me gustó perder un dinero que podría haber sacado de la plataforma en algún momento. Lo importante, no obstante, es que no inviertas lo que necesitas para vivir. Y que diversifiques, como te voy a explicar en más detalle a continuación.

TIP

Nunca más del 10 % en crypto

En general, no te recomiendo invertir en criptomonedas solo porque veas que tienen alta rentabilidad. Si no te sientes cómodo invirtiendo en ese sector, te aseguro que, en cuanto veas que las criptomonedas bajan, por miedo vas a vender la cantidad que poseas y vas a perder dinero.

Si eres de las personas que quiere invertir en criptomonedas, te recomiendo que no inviertas más del 10 % del capital, ya que, al tener más volatibilidad, es cierto que se pueden exponenciar las ganancias, pero el mundo de las criptomonedas es un arma de doble filo: es posible ganar mucho dinero, aunque también puedes perderlo.

CAPÍTULO 6

LA IMPORTANCIA DE LA DIVERSIFICACIÓN

Aunque ya he mencionado en varias ocasiones la importancia de diversificar, este capítulo quiero dedicarlo específicamente a esta idea, porque resulta profundamente crucial en todos sus aspectos.

Como te he adelantado, al invertir de forma diversificada, en lugar de ponerlo todo en la misma cesta, en el mismo activo, lo estamos haciendo en varios activos, y, si uno de ellos cae, contamos con otros que pueden compensar esas pérdidas y también proporcionarnos cierta rentabilidad, sin importar que una parte de nuestra cartera esté en pérdidas o en números rojos.

«Si tienes todo el dinero en el mismo activo y este cae, toda tu cartera va a caer».

En cuanto a los activos que pueden formar nuestra cartera, existe una gran variedad. Pueden ser criptomonedas, como ya he mencionado antes, o también ser materias primas, como serían el oro o la plata, o inmuebles... Escoger depende de cada persona, de lo que a cada uno le produzca confianza y comodidad a la hora de invertir.

Para identificar oportunidades de inversión, te recomiendo que, para tu beneficio, hagas una investigación exhaustiva del mercado financiero y de los sectores en los que estás interesado en invertir.

La diversificación no es simplemente una técnica de inversión, es una filosofía, una que predica la dispersión equilibrada de recursos a través de una variedad de activos. La meta es clara: no poner todos los huevos en una sola canasta, una metáfora que encapsula con brillantez la esencia de esta estrategia.

La diversificación, así, es una práctica de equilibrio. Involucra la inversión en diferentes sectores de la economía, asegurando que una desaceleración en una industria no tenga un impacto devastador en la cartera total. Por ejemplo, durante la pandemia de COVID-19, mientras que muchos sectores, como el turismo y la hostelería, fueron golpeados severamente, otros, como la tecnología y la salud, experimentaron un crecimiento significativo. Los inversores que habían diversificado sus carteras pudieron mitigar las pérdidas y, en algunos casos, incluso experimentaron ganancias.

C U R I O S I D A D

Uno de los ejemplos históricos más ilustrativos sobre la **importancia de la diversificación** en economía es la «tulipomanía» que ocurrió en los Países Bajos en el siglo XVII. En esa época, los tulipanes se introdujeron en los Países Bajos y rápidamente se convirtieron en un bien muy apreciado, especialmente las variedades raras con patrones de colores únicos. Esto llevó a una especulación desenfrenada en torno a los bulbos de tulipán, y su valor empezó a aumentar a un ritmo frenético. Muchas personas empezaron a invertir fuertemente en bulbos de tulipán, convencidos de que los precios seguirían subiendo indefinidamente. Esencialmente, todos los recursos financieros estaban concentrados en un solo tipo de activo, sin diversificación alguna. Sin embargo, en 1637, la burbuja estalló. Los precios comenzaron a caer precipitadamente y numerosas personas que habían invertido sus fortunas en bulbos de tulipán sufrieron pérdidas catastróficas. La economía de los Países Bajos fue sacudida severamente debido a esta concentración de inversiones en un solo activo.

El episodio de la tulipomanía se considera a menudo como una de las primeras burbujas económicas registradas en la historia y sirve como una advertencia sobre los peligros de no diversificar las inversiones. Si los inversores de la época hubieran diversificado sus activos, es decir, no hubieran colocado todos sus recursos en una única clase de activo, las pérdidas y el impacto económico podrían haber sido menos severos.

La diversificación geográfica es otro componente crucial. Invertir en mercados de diferentes regiones del mundo ofrece una capa adicional de protección, ya que los mercados pueden responder de manera diferente a los eventos globales. Además, permite abrir puertas a oportunidades únicas en mercados emergentes y en desarrollo.

Un ejemplo real de la necesidad de la diversificación geográfica fue la crisis financiera global de 2008. Durante la misma, muchas economías estuvieron en recesión, especialmente en Estados Unidos y Europa. Sin embargo, algunos mercados emergentes, como China y la India, mostraron una resistencia relativa y recuperaciones más rápidas. Los inversores que tenían una parte de sus carteras en estos mercados podrían haber experimentado una volatilidad menos severa en comparación con aquellos que estaban concentrados en los mercados occidentales.

Otro ejemplo clarificador fue la crisis de deuda europea de 2010-2012. A medida que la crisis de la deuda soberana se desplegaba en Europa, afectando principalmente a países como Grecia, Portugal e Italia, los inversores que tenían una amplia exposición a los mercados europeos enfrentaron pérdidas significativas. No obstante, en el mismo periodo, mercados en otras regiones, como Norteamérica o Asia-Pacífico, ofrecieron oportunidades de crecimiento, ayudando a equilibrar las pérdidas para aquellos con inversiones diversificadas geográficamente.

Finalmente, la diversificación geográfica también permite a los inversores protegerse contra las fluctuaciones de divisas. Por ejemplo, durante periodos de debilitamiento del dólar, los activos en otras monedas pueden ofrecer beneficios. Por ejemplo, durante la década del 2000, el dólar estadounidense experimentó un periodo de debilitamiento, particularmente frente al euro. Los inversores que tenían activos en Europa pudieron ver un aumento en el valor de sus inversiones, simplemente debido a las variaciones en las tasas de cambio.

Así que grábatelo a fuego: DIVERSIFICACIÓN.

Incluso los gigantes de la inversión han prestado testimonio de la eficacia de la diversificación. Warren Buffett, uno de los inversores más exitosos de todos los tiempos, ha sido un firme defensor de la diversificación, utilizando esta estrategia para construir un imperio financiero que abarca una amplia gama de sectores, desde alimentos y bebidas hasta tecnología y seguros.

Ray Dalio, otro titán en el mundo de las inversiones, también ha destacado la importancia de la diversificación a través de su enfoque de «paridad de riesgo», que busca equilibrar las inversiones en diferentes clases de activos para mitigar el riesgo y maximizar el retorno.

La diversificación también puede lograrse a través de una mezcla de diferentes estrategias de inversión, desde inversiones a largo plazo hasta operaciones a corto plazo, cada una con su propio conjunto de riesgos y recompensas. Además, los inversores pueden diversificar a través de diferentes vehículos de inversión, como acciones, bonos, fondos mutuos, ETF, entre otros, cada uno ofreciendo una manera distinta de interactuar con el mercado.

En última instancia, la diversificación de la cartera se presenta como una estrategia maestra en el mundo de la inversión, una que no solo protege contra los peligros inherentes del mercado, sino que también fomenta un ambiente de crecimiento y prosperidad. A través de una implementación cuidadosa, los inversores pueden navegar por los mares inciertos del mercado financiero con confianza y seguridad.

EL CONOCIMIENTO ES PODER

1. **Acciones:** las acciones representan una fracción de la propiedad de una empresa. Al comprar acciones, el inversor adquiere una participación en la empresa y puede beneficiarse tanto de los dividendos (una parte de las ganancias de la empresa distribuidas a los accionistas) como de la apreciación del valor de la acción en el mercado. Sin embargo, también deben estar preparados para posibles pérdidas si el valor de la acción disminuye.

2. **Bonos:** los bonos son instrumentos de deuda emitidos por corporaciones o gobiernos para financiar varios proyectos o actividades operativas. Cuando un inversor compra un bono, está prestando dinero a la entidad emisora a cambio de pagos periódicos de intereses y la devolución del capital invertido en una fecha de vencimiento predeterminada. Los bonos son generalmente considerados menos riesgosos en comparación con las acciones, pero también pueden ofrecer retornos más bajos.

3. **Fondos mutuos:** los fondos mutuos son vehículos de inversión que agrupan el dinero de muchos inversores para comprar una diversificada cartera de activos, como acciones y bonos. Estos fondos son gestionados por gestores profe-

sionales que toman decisiones de inversión basadas en el objetivo y la estrategia del fondo. Permiten a los inversores individuales acceder a una diversificación amplia y a una gestión profesional con una inversión relativamente pequeña.

4. **ETF (fondos cotizados en bolsa):** los ETF son similares a los fondos mutuos, pero se negocian en bolsas de valores como las acciones individuales. Esto les confiere mayor liquidez y flexibilidad en comparación con los fondos mutuos. También suelen tener tarifas más bajas y ofrecen ventajas fiscales en comparación con los fondos mutuos.

5. **Otros vehículos de inversión:** aparte de los mencionados, existen otros varios vehículos de inversión que los inversores pueden considerar, incluyendo:

   - **Fondos de inversión inmobiliaria (REIT):** permiten invertir en bienes raíces a través de una estructura similar a la de un fondo, proporcionando liquidez y diversificación.

   - *Commodities*: inversiones en materias primas físicas como oro, petróleo, etc., que pueden ofrecer protección contra la inflación y diversificación.

   - **Fondos de cobertura** *(hedge funds)*: fondos de inversión que emplean estrategias de inversión avanzadas y a menudo agresivas para generar altos rendimientos.

- **Cuentas de ahorro y certificados de depósito:** instrumentos financieros de bajo riesgo que ofrecen un rendimiento fijo a lo largo del tiempo.

CAPÍTULO 7

ERRORES COMUNES EN LA INVERSIÓN

Es parte de cualquier aprendizaje, y de la vida en sí, cometer errores, y, cuando estamos tratando con inversiones, estos errores pueden ponernos en situaciones muy delicadas. Por eso, en este capítulo, voy a mencionar varios errores bastante comunes que podemos cometer todos a la hora de invertir.

7.1. Errores fundamentales que debes evitar a toda costa

Para evitar empezar con mal pie nuestra aventura, lo principal y más importante es que estemos en sintonía con la empresa o con el activo en el cual vamos a invertir. Es decir, que no invirtamos en una empresa que se dedica a algo relacionado con armamento, por ejemplo, si estamos en contra de la violencia y de las guerras, porque por mucho que esa empresa o ese activo se encuentre en tendencia, por mucho dinero que podamos ganar, si realmente no crees en sus valores o no entiendes a qué se dedica exactamente la empresa, vas a querer vender el activo en cuanto se produzca una corrección en el mercado o la acción baje de precio. Te controlará el miedo o el rechazo y acabarás tomando una mala decisión, así que es fundamental entender a qué se dedican y cuáles son sus fundamentos antes de tomar cualquier decisión.

«Es fundamental entender a qué se dedican y cuáles son sus fundamentos antes de tomar cualquier decisión».

Otro de los errores más comunes es lanzarse al mundo de la inversión sin tener un plan trazado *a priori*. Antes de invertir, siempre hemos de elaborar un plan previo o una estrategia que nos ayude a establecer unos objetivos concisos para seguir esa inversión, esa estrategia a rajatabla, que en caso de que cualquier cosa pueda torcerse nosotros seamos fieles, mantengamos la calma, y sigamos enfocados en esos objetivos. Hay que ser capaz de tomar decisiones que estén bien alineadas con los objetivos.

Y un error fundamental, y que mucha gente comete, es el de tomar decisiones emocionales. Con esto quiero decir que debemos mantener la calma y ceñirnos a nuestro plan, con una estrategia a largo plazo que debemos seguir sin desviarnos.

EL CONOCIMIENTO ES PODER

Razones por las que tomar decisiones emocionales es un error

1. **Falta de objetividad:** cuando las emociones entran en juego, es fácil perder la objetividad y tomar decisiones basadas en percepciones inmediatas en lugar de en datos y análisis.
2. **Inconsistencia:** las emociones son inconstantes y pueden variar drásticamente en cortos periodos de tiempo. Esto puede llevar a cambiar la estrategia de inversión con frecuencia, lo cual no solo es ineficiente, sino que también puede incurrir en costos adicionales.
3. **Desviación del plan:** tener un plan de inversión y una estrategia a largo plazo es crucial para el éxito. Tomar decisiones emocionales puede llevar a la desviación de este plan y, por lo tanto, al

fracaso en la consecución de los objetivos financieros.

4. **Riesgo de compras impulsivas o ventas por pánico:** las decisiones emocionales a menudo se manifiestan como compras o ventas impulsivas, que generalmente se realizan sin un análisis adecuado y pueden resultar en pérdidas significativas.

No omito que, en algunos casos, seguir el instinto pueda resultar en beneficios a corto plazo. Sin embargo, la probabilidad de éxito es mucho mayor cuando se sigue una estrategia fundamentada en el análisis y se mantiene a largo plazo. Así que, si finalmente te dejas llevar por las emociones, hay algunas estrategias que pueden mitigar sus efectos adversos.

Para empezar, es vital tener un sistema de revisión regular. Esto significa establecer momentos específicos para evaluar el rendimiento de tu cartera, lo que añade una capa de objetividad y reduce la probabilidad de hacer ajustes impulsivos.

Utilizar la tecnología también puede ser de gran ayuda para eliminar el factor emocional. Herramientas como los algoritmos de *trading* automatizado pueden tomar decisiones basadas en parámetros preestablecidos, garantizando que las emociones no intervengan en el proceso de inversión.

DEFINICIÓN

Los **algoritmos de** *trading* **automatizado** son programas informáticos diseñados para ejecutar órdenes de
compra o venta en mercados financieros de forma autó-
noma, basándose en parámetros predefinidos. Estos algoritmos consideran diversos factores, como el precio,
el volumen y el tiempo, para determinar cuándo y cómo
realizar una operación. Pueden ser tan simples como un
conjunto de reglas que dictan cuándo comprar o vender un activo específico, o tan complejos como modelos
de aprendizaje automático que evalúan grandes con-
juntos de datos para tomar decisiones.

Otra forma de mantener las emociones bajo control
es a través de una educación financiera sólida. Conocer
las bases del mercado, los instrumentos financieros y las
estrategias de inversión puede proporcionar la confianza
necesaria para no reaccionar impulsivamente ante fluctuaciones del mercado. Además, aunque te consideres
un experto en diversos temas, consultar con otros expertos te ofrecerá perspectivas adicionales que quizá no habías considerado.

La gestión de riesgos también es crucial para evitar
decisiones impulsadas por las emociones. Establecer
mecanismos como el *stop loss*, es decir, una orden colo-
cada con un bróker para comprar o vender un activo fi-

nanciero, como acciones, divisas o *commodities*, cuando este alcanza un precio determinado, te protege contra pérdidas significativas y añade un nivel de seguridad que puede facilitar mantener la calma en situaciones de volatilidad.

Si sientes la tentación de desviarte de tu plan de inversión, una técnica que podrías utilizar es realizar una inversión de prueba más pequeña. De este modo, es posible evaluar los resultados antes de comprometer una gran parte de tu cartera.

Finalmente, los juegos de simulación son una excelente forma de practicar tus habilidades de inversión en un entorno sin riesgos. Estas plataformas te permiten experimentar con diferentes estrategias y aprender de tus errores sin sufrir pérdidas financieras reales. Por ejemplo, puedes probar *Investopedia Stock Simulator*. Este simulador ofrece una experiencia bastante realista con una amplia variedad de opciones de inversión.

Imaginemos que estás interesado en invertir en acciones de tecnología, pero no estás seguro de cómo reaccionarían ciertas acciones a los anuncios de ganancias trimestrales. Podrías usar un juego de simulación para «comprar» acciones de empresas como Apple, Google y Amazon antes de que estas empresas anuncien sus ganancias. Esto te permitirá observar cómo fluctúan los precios antes, durante y después del anuncio, y cómo tus decisiones en este escenario hipotético afectarían tu rentabilidad.

Si en el simulador, por ejemplo, compras acciones de Apple a 150 dólares y vendes en 160 dólares, puedes evaluar los factores que contribuyeron a ese aumento de precio. Tal vez descubras que vendiste demasiado pronto y que podrías haber maximizado tus ganancias esperando un poco más. Este aprendizaje te ofrecerá una valiosa experiencia que podrás aplicar en el mundo real, habiendo practicado previamente en un entorno sin riesgos.

Siguiendo con los errores más comunes en la inversión, la gente también puede perder dinero por seguir a la multitud, a las tendencias. Invertir en una tendencia sin entender en qué estamos invirtiendo es tomar una mala decisión, ya que el hecho de que ese activo sea popular no garantiza nuestro éxito a largo plazo. Como he recalcado anteriormente, se debe entender en qué estamos invirtiendo y hacer oídos sordos a la opinión ajena a la hora de invertir, dado que hay mucho humo que solo nos causará distracción. Tenemos que informarnos de manera independiente para tomar una decisión con cabeza.

En mi caso, cuando invertí en bitcoin, hubo un momento en el que la mayoría de los inversores nos sentimos eufóricos. Fue durante el mes de noviembre de 2021, cuando bitcoin alcanzó los 69.000 dólares. Yo tenía operaciones abiertas y mis ganancias se habían incrementado más de un 50 %. La mayoría de las personas que habían invertido en esta criptomoneda vieron sus ingresos ascender y pasar de tres o cuatro cifras a las cinco e incluso seis. Todo el mundo se interesó, creyendo firmemente que bitcoin llegaría a los 100.000 dólares a finales de año. Yo fui una de esas personas que creyó en ello.

Bitcoin no llegó a alcanzar los 100.000 dólares, ni siquiera ahora años después, sino que se desplomó hasta los 20.000 dólares, aproximadamente.

Si hubiese hecho un análisis previo y hubiese seguido mi instinto, que me decía que debía vender en ese momento y no dejarme llevar por el furor que envolvía a bitcoin y a otras criptomonedas por aquel entonces, no habría perdido la oportunidad de conseguir un buen beneficio.

La cifra a la que había llegado bitcoin era un máximo histórico, y creíamos que seguiría subiendo en los próximos meses, pero nadie puede saber estas cosas con certeza. Al hacer un análisis técnico puedes prever cuándo el precio se está acercando a un pico, y es en ese momento cuando debes vender. Sin embargo, si tienes en cuenta la opinión ajena, te dejas influenciar y puedes tomar malas decisiones por simple contagio. Como si fuera un virus maligno.

> «Si tienes en cuenta la opinión ajena, te dejas influenciar y puedes tomar malas decisiones por simple contagio».

7.2. Errores más genéricos

Aparte de los errores ya mencionados, encontramos otros más comunes y que, aunque con frecuencia menos peligrosos, también pueden acabar por ponerte en una situación insostenible. Son los siguientes:

- **Riesgo de mercado:** es el riesgo de perder dinero debido a las fluctuaciones del mercado en general. Factores como la situación económica, los acontecimientos geopolíticos y la confianza del mercado pueden hacer que el valor de tus inversiones suba o baje.

- **Riesgo de volatilidad:** algunas inversiones, sobre todo acciones y criptomonedas (véase mi mención a la situación de bitcoin en los párrafos anteriores), pueden ser muy volátiles y experimentar rápidas oscilaciones de precios. Aunque la volatilidad proporciona oportunidades de ganancias, también aumenta el potencial de pérdidas significativas.

- **Riesgo de liquidez:** la liquidez se refiere a la facilidad con la que se puede comprar o vender una inversión sin que afecte a su precio. Algunas inversiones, como las inmobiliarias o las de capital privado, pueden carecer de liquidez, lo que dificulta su rápida conversión en efectivo.

- **Riesgo de crédito:** este riesgo se aplica a los bonos y otros títulos de deuda. Es el riesgo de que el emisor incumpla el pago de intereses o no reembolse el principal a su vencimiento.

- **Riesgo de inflación:** con el tiempo, el poder adquisitivo del dinero tiende a disminuir debido a la inflación. Si las inversiones no superan la inflación, se puede perder poder adquisitivo real.

- **Riesgo de tipos de interés:** las variaciones de los tipos de interés pueden afectar al valor de las inversiones de renta fija, como los bonos. Cuando los tipos de interés suben, el valor de los bonos existentes podría disminuir.

- **Riesgo específico de la empresa:** las acciones individuales o las inversiones en empresas específicas se ven afectadas por factores específicos de la empresa, como las decisiones de gestión, la competencia y las tendencias del sector.

- **Riesgo de divisas:** si se invierte en activos denominados en divisas, las variaciones de los tipos de cambio pueden afectar a sus rendimientos al convertirlos a su moneda nacional.

- **Riesgo político y normativo:** los cambios en las políticas gubernamentales, la normativa o la inestabilidad política afectan al valor de determinadas inversiones, sobre todo en los mercados emergentes.

- **Riesgo de sincronización:** intentar sincronizar el mercado comprando o vendiendo inversiones basándose en predicciones a corto plazo podría acarrear pérdidas. Determinar el momento exacto de un mercado es muy difícil.

- **Riesgo de comportamiento:** las reacciones emocionales a las fluctuaciones del mercado, como las ventas de pánico durante una caída o el exceso de confianza durante un mercado alcista, a veces llevan a decisiones de inversión equivocadas.

- **Riesgo de longevidad:** si sobrevives a tus ahorros para la jubilación, puedes tener dificultades financieras en tus últimos años de vida. En el siguiente capítulo, vamos a ahondar en este tema.

Para mitigar estos riesgos, es esencial tener una estrategia de inversión bien pensada que se ajuste a nuestros objetivos financieros, tolerancia al riesgo y horizonte temporal. La diversificación, una cuidadosa investigación y una perspectiva a largo plazo pueden ayudar a gestionar algunos de estos riesgos. Además, debemos considerar la posibilidad de consultar a un asesor financiero para desarrollar un plan de inversión personalizado.

CAPÍTULO 8

PLANIFICA
TU JUBILACIÓN

La jubilación es un hito en la vida que muchos anhelan y esperan con anticipación. Es un momento para disfrutar de la libertad de para pasar más tiempo con nuestros amigos y familiares. Sin embargo, para que esta fase de la vida sea verdaderamente gratificante, se requiere una planificación cuidadosa y estratégica.

8.1. Una estafa piramidal

Para planificar una jubilación no debemos considerar las pensiones que nos prometen los gobiernos como la salida para nuestros últimos años en tranquilidad y disfrutando del tiempo del que nos hemos privado previamente para trabajar y cotizar.

Una persona o empresa promete ganancias milagrosas con un riesgo bajo o nulo.

Para que sobreviva el esquema, aparecen personas que divulgan que están ganando mucho dinero y tratan de convencer para que otros inviertan.

Si bien hay nuevas personas que entran en el esquema y todo parece estar perfecto, llega un punto en que se satura y la entrada de recursos escasea.

Cuando el financiamento se agota, el sistema colapsa.

Y es que las pensiones se sostienen mediante un esquema Ponzi, lo que viene a ser una estafa piramidal.

Las pensiones de la Unión Europea se mantienen precariamente en una larga cadena que, a la larga, se vendrá abajo, pues se enfrentan a desafíos y presiones financieras debido a factores como el envejecimiento de la población, las tasas de natalidad decrecientes y los impredecibles cambios económicos. Todo esto genera preocupación y dudas sobre la sostenibilidad de los sistemas de pensiones en el futuro y crea más conciencia sobre la necesidad de reformar tales sistemas para garantizar que los fondos estén disponibles para las generaciones venideras.

Naturalmente, estos problemas varían según el país y el sistema de pensiones específico que analicemos. Pero, en esencia, todos los sistemas funcionan así: las personas que se encuentran en la base de la pirámide son las que actualmente mantienen a las de arriba. Hasta ahora, en Europa, el sistema se ha ido manteniendo, pero nos encontramos en un momento en que todos esos motivos por los que debemos preocuparnos empiezan a agravarse.

EL CONOCIMIENTO ES PODER |

Hay varias razones que sustentan la tesis de que las pensiones son, en esencia, una estafa piramidal. Se pueden resumir en las siguientes:

1. **Dependencia de nuevos ingresos:** al igual que en un esquema piramidal, algunos sistemas de pensiones dependen de la entrada de nuevos trabajadores que aporten al sistema para poder pagar las pensiones de los jubilados actuales.
2. **Falta de sostenibilidad:** algunos teóricos argumentan que los sistemas de pensiones no son sostenibles a largo plazo, especialmente en el contexto del envejecimiento de la población, lo cual les da una estructura similar a los esquemas piramidales, que colapsan cuando no hay suficientes nuevos participantes.
3. **Promesas no garantizadas:** a menudo, los sistemas de pensiones hacen promesas de beneficios futuros basadas en proyecciones económicas optimistas que podrían no materializarse, similar a como los esquemas piramidales prometen altos rendimientos que son poco realistas.
4. **Falta de transparencia:** algunos críticos sostienen que falta transparencia en la gestión y el rendimiento de los fondos de pensiones, lo cual los hace

comparables con esquemas piramidales, que suelen carecer de transparencia.

5 **Desigualdad generacional:** en algunos sistemas, las generaciones más jóvenes podrían encontrarse en una posición desfavorable, teniendo que aportar más al sistema de lo que razonablemente podrían esperar recibir, una dinámica que recuerda a la de un esquema piramidal.

6. **Beneficio desproporcionado para los administradores:** al igual que en los esquemas piramidales, donde los organizadores se benefician desproporcionadamente, en algunos sistemas de pensiones mal gestionados, los administradores pueden recibir grandes sumas de dinero en forma de salarios o bonos, en detrimento del fondo general.

7. **Ausencia de valor intrínseco:** los esquemas piramidales no generan valor intrínseco, y algunos argumentan que los sistemas de pensiones tampoco, ya que simplemente redistribuyen el dinero de los trabajadores más jóvenes a los más viejos sin generar rendimientos garantizados.

8. **Fracaso en entregar lo prometido:** al igual que los esquemas piramidales, si el sistema de pensiones no cumple con las expectativas de rendimiento o se vuelve insolvente, los últimos en entrar (generalmente los más jóvenes) son los más perjudicados.

Sin embargo, esto no quiere decir que no haya solución, y de eso trata este capítulo: de ofrecer otros caminos y posibilidades para ayudarte a planificar una jubilación sin tener que depender de los gobiernos.

8.2. Nuestra previsión personal

La jubilación es un viaje que comienza mucho antes de que se presente ese día. A medida que avanzamos en nuestra carrera profesional, debemos considerar cómo financiaremos nuestros años dorados y qué tipo de estilo de vida deseamos mantener. La planificación para la jubilación implica una combinación de estrategias financieras, decisiones de inversión y consideraciones personales.

Para abordar la incertidumbre en torno a las pensiones, es imperativo que dejemos de apoyarnos exclusivamente en la noción de que nuestro empleo actual garantizará automáticamente nuestra estabilidad financiera en la etapa de jubilación. La estrategia más efectiva sería desarrollar un plan de jubilación personalizado que no dependa únicamente del sistema estatal de pensiones. Este enfoque es similar al modelo predominante en Estados Unidos, donde, a pesar de la existencia de un sistema de pensiones gubernamental como el Seguro Social, muchas personas también se responsabilizan de su propia seguridad financiera a largo plazo. Para ello, optan por diversas soluciones financieras como cuentas de ahorro para la jubilación, inversiones en el mercado de valores, y la compra de anualidades o bienes raíces como fuentes adicionales de ingresos.

Esta estrategia de «hazlo tú mismo» en el ámbito de las pensiones ofrece una mayor autonomía y flexibilidad, permitiendo a los individuos adaptar su plan de jubilación a sus propias necesidades y circunstancias. A su vez, reduce la dependencia del bienestar financiero futuro en sistemas estatales que podrían enfrentar desafíos de sostenibilidad. De este modo, se puede alcanzar una mayor seguridad financiera en la vejez, al tomar un papel proactivo en la gestión de nuestros propios activos y fuentes de ingreso.

Mi recomendación es invertir en un fondo indexado, el cual en promedio desde 1957 ha tenido una rentabilidad del 10 %. La estrategia, dependiendo de cada persona y de su edad, sería aportar una cantidad mensual recurrente. Yo, con 24 años, si aporto unos 150-200 euros al mes, cuando cumpla 70 años de edad tendría acumulado cerca de un millón de euros. Es cierto que la inflación irá devaluando ese capital, pero será difícil que la inflación sea superior a ese 10 % que ofrece el SP500. En lugar de perder dinero, estaríamos ganando y obteniendo una rentabilidad. Con ese millón de euros, dispondremos de una pensión como la que nos daría el Estado, pero la recibiremos de golpe y, en caso de necesitarla, no tendríamos que recurrir ni depender de nadie para tener acceso a ella.

De todas maneras, cabe mencionar que invertir en un fondo indexado no es estrictamente necesario para crear un plan de jubilación. Hay diversas alternativas que puedes considerar, como las anualidades, que son contratos financieros que se adquieren de una compañía de seguros, donde, a cambio de un pago único o una serie de pagos, recibes ingresos periódicos durante un periodo acordado que incluso podría extenderse de por vida. En paralelo, la inversión en bienes raíces puede ser otra fuente sólida de ingresos, proporcionando un flujo constante a través del alquiler de propiedades, además del potencial de que el valor del activo se aprecie con el tiempo. Asimismo, los bonos, ya sean gubernamentales o corporativos, ofrecen una fuente de ingresos más segura, pagando intereses periódicos y devolviendo el capital invertido al llegar al vencimiento, con la ventaja añadida de ser generalmente menos volátiles que las acciones.

TIP

Intenta ser independiente

Cuanto menos dependas del Estado, más libre serás. Cuanto más libre seas, más control tendrás sobre tu futuro.

Cada uno vive una situación particular, nuestras edades son distintas y también nuestros propósitos son diferentes. Cada uno tiene un horizonte temporal que puede ser completamente opuesto al otro. Los objetivos no tienen que ser llegar a un millón de euros. Ese es el objetivo monetario que me he puesto yo: es mi estrategia. Y hay que procurar ser realistas de acuerdo con la situación de cada uno.

Para todos aquellos que quieran invertir en un fondo indexado al SP500, la plataforma que yo utilizo es la que tiene menos comisiones de todo el mercado. Si queréis saber el nombre, podéis buscar en vídeos de mi canal de YouTube en los que hablo de este fondo indexado o escribirme un mensaje privado por Instagram.

8.3. Riesgo de longevidad

Como te he adelantado en el capítulo anterior, puede que tus planes de jubilación resulten insuficientes si empiezas a vivir más años de los que habías supuesto.

El llamado riesgo de longevidad es una preocupación creciente en el ámbito de la planificación financiera para la jubilación, especialmente en el contexto de un aumento en la esperanza de vida y los costos crecientes de atención médica en la vejez.

Hay diversos factores que pueden contribuir a este riesgo, como son los siguientes:

1. **Aumento de la esperanza de vida:** con los avances en la medicina y la calidad de vida, ahora la gente vive más tiempo que nunca, lo que significa que los ahorros deben durar más años.

2. **Inflación:** la inflación reduce el poder adquisitivo del dinero con el tiempo. Si no se tiene en cuenta la inflación en la planificación, incluso una gran suma de dinero ahorrado podría resultar insuficiente.

3. **Altos costos de atención médica:** las necesidades de atención médica suelen aumentar con la edad, y el costo del tratamiento médico también va en aumento.

4. **Fluctuaciones del mercado:** si tus inversiones no rinden como esperabas o si el mercado experimenta una caída significativa, podría afectar a la duración de tus ahorros.

Para mitigar los riesgos asociados a la jubilación, se pueden adoptar varias estrategias, como la diversificación de inversiones, que ayuda a equilibrar los altibajos de activos específicos en tu cartera.

Otra opción son las anualidades, productos financieros que ofrecen un flujo de ingresos garantizado, aunque a menudo con tasas de rendimiento más bajas.

Mantener un trabajo a tiempo parcial o embarcarse en proyectos freelance después de la jubilación también es una forma efectiva de crear un colchón financiero adicional.

No hay que descartar la planificación patrimonial, que podría implicar la venta de activos como una vivienda para liberar capital en caso de necesidad.

Es crucial revisar y ajustar periódicamente el plan financiero para adaptarse a factores cambiantes como el rendimiento del mercado y la inflación. Finalmente, considerar seguros de dependencia puede ser una medida prudente para cubrir gastos de cuidado a largo plazo que los seguros de salud tradicionales no suelen cubrir.

Estos son solo algunos enfoques y estrategias para gestionar el riesgo de longevidad. Dado que cada situación financiera es única, será útil trabajar con un asesor financiero especializado en jubilación para crear un plan adaptado a tus necesidades y circunstancias específicas.

Después de todo, vale la pena prepararnos con tiempo para nuestra jubilación. Porque será el tiempo de descanso que todos merecemos tener, después de una larga vida de sacrificios e inversiones.

AGRADECIMIENTOS

Quiero expresar mi agradecimiento a cada una de las personas que han estado siguiéndome y apoyándome en los últimos años, pero, sobre todo, a aquellas que han sido pilares fundamentales en mi camino hacia el éxito y la realización personal.

A mi madre, que desde el principio me ofreció su apoyo y sus mejores deseos. Desde el primer día fue una de mis mayores fuentes de ayuda y de inspiración. Su fe en mí ha sido inquebrantable, incluso cuando yo mismo dudaba de mis capacidades. Siempre ha estado ahí para recordarme que podía lograr cualquier cosa que me propusiera. Eres la razón por la que nunca dejé de creer en mí mismo.

A mi primo Daniel, que, aunque no estés con nosotros en forma física, tu esencia todavía nos rodea y nos acompaña; tu entusiasmo y admiración sincera por mis intereses han sido un regalo invaluable. Siempre estabas dispuesto a hacer preguntas, aprender más y animarme a continuar. Tu apoyo incondicional me impulsó a esforzarme más y a mantener viva mi pasión por lo que me gusta hacer. Tu confianza en mí me recordó que el conocimiento es un viaje y que nunca es tarde para aprender y crecer.

Y a mí mismo quiero decirme que estoy orgulloso de no haberme rendido, de haber perseverado incluso cuando los desafíos parecían insuperables. La determinación y la fuerza que encontré dentro de mí me permitieron superar obstáculos y alcanzar metas que nunca habría imaginado posible lograr. Además, reconozco la suerte que he tenido de nacer en una familia como la mía y en un país que me ha brindado ciertas facilidades y en el que he podido contar con muchas oportunidades. Sé que no todos tienen esa suerte, y estoy agradecido por ello.

En resumen, mi familia y amigos, y cada uno de mis seguidores, han desempeñado un papel fundamental en mi camino al éxito, y no puedo expresar suficiente gratitud. El apoyo, la fidelidad y la admiración han sido los motores que me han impulsado hacia delante, y nunca olvidaré lo afortunado que soy de tenerlos en mi vida.

ÍNDICE